AF205051

Tucholsky   Wagner   Zola   Scott   Sydow   Freud   Schlegel
Turgenev   Wallace   Fonatne
Twain   Walther von der Vogelweide   Fouqué   Friedrich II. von Preußen
Weber   Freiligrath   Frey
Fechner   Fichte   Weiße Rose   von Fallersleben   Kant   Ernst   Frommel
Richthofen
Engels   Fielding   Hölderlin
Fehrs   Faber   Flaubert   Eichendorff   Tacitus   Dumas
Maximilian I. von Habsburg   Fock   Eliasberg   Zweig   Ebner Eschenbach
Feuerbach   Eliot   Vergil
Ewald
Goethe   Elisabeth von Österreich   London
Mendelssohn   Balzac   Shakespeare   Dostojewski   Ganghofer
Lichtenberg   Rathenau   Doyle   Gjellerup
Trackl   Stevenson   Tolstoi   Hambruch   Droste-Hülshoff
Mommsen   Lenz   Hanrieder
Thoma   von Arnim   Hägele   Hauff   Humboldt
Dach   Verne   Rousseau   Hagen   Hauptmann   Gautier
Karrillon   Reuter   Garschin
Defoe   Hebbel   Baudelaire
Damaschke   Descartes   Hegel   Kussmaul   Herder
Wolfram von Eschenbach   Dickens   Schopenhauer   Rilke   George
Bronner   Darwin   Melville   Grimm   Jerome   Bebel   Proust
Campe   Horváth   Aristoteles   Federer
Bismarck   Vigny   Barlach   Voltaire   Herodot
Gengenbach   Heine
Storm   Casanova   Tersteegen   Grillparzer   Georgy
Chamberlain   Lessing   Langbein   Gilm   Gryphius
Brentano   Lafontaine
Strachwitz   Claudius   Schiller   Kralik   Iffland   Sokrates
Katharina II. von Rußland   Bellamy   Schilling
Gerstäcker   Raabe   Gibbon   Tschechow
Löns   Hesse   Hoffmann   Gogol   Wilde   Vulpius
Luther   Heym   Hofmannsthal   Klee   Hölty   Morgenstern   Gleim
Roth   Heyse   Klopstock   Kleist   Goedicke
Luxemburg   Puschkin   Homer   Mörike
La Roche   Horaz   Musil
Machiavelli   Kierkegaard   Kraft   Kraus
Navarra   Aurel   Musset   Lamprecht   Kind   Kirchhoff   Hugo   Moltke
Nestroy   Marie de France
Laotse   Ipsen   Liebknecht
Nietzsche   Nansen   Ringelnatz
Marx   Lassalle   Gorki   Klett   Leibniz
von Ossietzky   May   vom Stein   Lawrence   Irving
Petalozzi   Platon   Knigge
Sachs   Pückler   Michelangelo   Kafka
Poe   Liebermann   Kock   Korolenko
de Sade   Praetorius   Mistral   Zetkin

Der Verlag tredition aus Hamburg veröffentlicht in der Reihe **TREDITION CLASSICS** Werke aus mehr als zwei Jahrtausenden. Diese waren zu einem Großteil vergriffen oder nur noch antiquarisch erhältlich.

Symbolfigur für **TREDITION CLASSICS** ist Johannes Gutenberg (1400 — 1468), der Erfinder des Buchdrucks mit Metalllettern und der Druckerpresse.

Mit der Buchreihe **TREDITION CLASSICS** verfolgt tredition das Ziel, tausende Klassiker der Weltliteratur verschiedener Sprachen wieder als gedruckte Bücher aufzulegen – und das weltweit!

Die Buchreihe dient zur Bewahrung der Literatur und Förderung der Kultur. Sie trägt so dazu bei, dass viele tausend Werke nicht in Vergessenheit geraten.

Lälius oder von der Freundschaft

Marcus Tullius Cicero

Impressum

Autor: Marcus Tullius Cicero
Umschlagkonzept: toepferschumann, Berlin

Verlag: tradition GmbH, Hamburg
ISBN: 978-3-8424-6959-4
Printed in Germany

Ziel der TREDITION CLASSICS ist es, tausende deutsch- und
fremdsprachige Klassiker wieder in Buchform verfügbar zu
machen. Die Werke wurden eingescannt und digitalisiert. Dadurch
können etwaige Fehler nicht komplett ausgeschlossen werden.
Unsere Kooperationspartner und wir von tradition versuchen, die
Werke bestmöglich zu bearbeiten. Sollten Sie trotzdem einen Fehler
finden, bitten wir diesen zu entschuldigen. Die Rechtschreibung der
Originalausgabe wurde unverändert übernommen. Daher können
sich hinsichtlich der Schreibweise Widersprüche zu der heutigen
Rechtschreibung ergeben.

Text der Originalausgabe

Cicero

Marcus Tullius Cicero's Lälius

oder

von der Freundschaft

an

Titus Pomponius Atticus.

Uebersetzt und erklärt von Dr. Raphael Kühner.

Stuttgart
Krais & Hoffmann.
1864.

zu Cicero's Cato, Lälius und Paradoxen.

Bei meiner Uebersetzung von Cicero's Cato, Lälius und Paradoxen habe ich die gründliche und durch Besonnenheit des Urtheils ausgezeichnete Textesrecension von *Karl Halm* in der zweiten Auflage der Orelli'schen Ausgabe (M. Tullii Ciceronis Opera quae supersunt omnia ex recensione Jo. Casp. Orellii editio altera emendatior. Volumen quartum. Turici, sumptibus ac typis Orellii Füsslini et Sociorum. MDCCCLXI) zu Grunde gelegt. Nur an wenigen Stellen sah ich mich veranlaßt von derselben abzuweichen. Wo dieß aber geschehen ist, habe ich es jedesmal in den Anmerkungen angezeigt, sowie auch die Gründe angegeben, die mich dazu bestimmt haben.

Außerdem standen mir für die Beurtheilung des Textes, sowie für die Uebersetzung und Erklärung desselben folgende Hülfsmittel zu Gebote:

M. Tulii Ciceronis Cato Major seu de senectute et Paradoxa recensuit et scholiis Jacobi Facciolati suisque animadversionibus instruxit Aug. Gotth. *Gernhard*. Lipsiae apud Gerhardum Fleischerum jun. 1819.

M. T. Ciceronis Laelius sive de amicitia dialogus recensuit et scholiis Jacobi Facciolati suisque animadversionibus instruxit Aug. Gotth. *Gernhard*. Lipsiae apud Gerhardum Fleischerum. 1825.

M. T. Ciceronis Laelius sive de amicitia dialogus. Mit einem Commentar zum Privatgebrauche für reifere Gymnasialschüler und angehende Philologen bearbeitet von Dr. Moritz *Seyffert*. Brandenburg 1844. Druck und Verlag von Adolph Müller.

T. Ciceronis Cato Major sive de senectute dialogus erklärt von Julius *Sommerbrodt*. Leipzig, Weidmann'sche Buchhandlung. 1851.

M. T. Ciceronis ad T. Pomponium Atticum de senectute liber, qui inscribitur Cato Major, für den Schulgebrauch erklärt von Gustav *Lahmeyer*. Leipzig, Druck und Verlag von B. G. Teubner. 1857.

M. T. Ciceronis de amicitia liber, qui inscribitur Laelius, für den Schulgebrauch erklärt von Gustav *Lahmeyer*. Leipzig, Druck und Verlag von B. G. Teubner. 1862.

Cicero's Paradoxa und Traum des Scipio, aus dem Lateinischen übersetzt und mit Anmerkungen erläutert. Berlin, bei Karl Matzdorff. 1791.

Des Marcus Tullius Cicero Cato der Aeltere oder Gespräch vom Greisenalter, Lälius oder Gespräch von der Freundschaft und Paradoxien, übersetzt und erläutert von Friedrich Carl Wolff. Altona bei Johann Friedrich Hammerich. 1805.

Cicero's Lälius oder Abhandlung von der Freundschaft, übersetzt von Dr.. Eucharius Ferdinand Christian Oertel. Ansbach, in der Gassert'schen Buchhandlung. 1821.

Marcus Tullius Cicero vom Greisenalter und von der Freundschaft, verdeutscht und erklärt von Dr. Karl Roth. Landshut, 1833. Druck und Verlag der Buch-, Kunst- und Musikalienhandlung von Joseph Thomann (Joh. Nep. Attenkofer).

Cicero's Cato oder vom Alter und Lälius oder von der Freundschaft, übersetzt von Friedrich Jacobs in der Sammlung von Reinhold Klotz: Cicero's sämmtliche Werke in Deutschen Uebersetzungen, Leipzig 1841. Verlag von Karl Focke.

Cicero's paradoxe Sätze der Stoiker, übersetzt von Johann Friedrich Schröder. Leipzig 1841, in derselben Sammlung.

Marcus Tullius Cicero's Cato der Aeltere oder vom Greisenalter und Lälius oder von der Freundschaft, übersetzt von Wilhelm Matthäus Pahl. Zweite Auflage. Stuttgart, Verlag der J. B. Metzler'schen Buchhandlung. 1857.

Hannover, am 20. April 1864.

R. Kühner.

in die Schrift von der Freundschaft

I. Dialogische Form. – Ort und Zeit. – Beurtheilung der Schrift.

1. Cicero's Schrift von der *Freundschaft* gehört, wie wir in der Einleitung zu seiner Abhandlung über das Greisenalter gesehen haben, zu den Ergänzungswerken seiner moralischen Schriften. Sowie er als Greis die Abhandlung über das Greisenalter dem greisen Atticus, so hat er als Freund die Abhandlung über die Freundschaft seinem Freunde Atticus gewidmet. In welch innigem Freundschaftsverhältnisse beide Männer zu einander standen, bezeugt uns auf das Schönste die Sammlung der Briefe Cicero's an Atticus.

2. Auch diese Abhandlung ist in *dialogischer* Form geschrieben, und zwar in der *Aristotelischen* Weise, doch freier, ganz wie die Abhandlung über das Greisenalter, worüber man die Einleitung zu derselben vergleiche. Die Hauptrolle des Dialogs ist dem *Lälius* zugetheilt, in dessen Hause Cicero die Unterredung zwischen diesem und seinen zwei Schwiegersöhnen, *Gajus Fannius* und *Mucius Scävola*, kurz nach dem Tode des jüngeren Scipio Africanus (129 v. Chr.) halten läßt[1] . Die *Zeit* der *Abfassung* des Gespräches fällt wahrscheinlich in die Mitte des J. 44, zwischen die der zwei Bücher von der Weissagung und die der drei Bücher von den Pflichten[2] .

3. Bei der Beurtheilung unserer Schrift dürfen wir nicht den Maßstab eines scharf ausgebildeten philosophischen Lehrbegriffes anlegen. Cicero will uns nicht einen Philosophen vorführen, der einen systematischen Vortrag über das Wesen der Freundschaft hält, sondern einen mehr durch das Leben und die Erfahrung, als durch eine philosophische Schule gebildeten Römischen Staatsmann, der, durch keine Fesseln eines philosophischen Lehrbegriffes gebunden, sich in der Entwickelung und Darstellung seines Gegenstandes frei bewegt. Ueberall in dem Gespräche leuchtet der Römer durch, der

---

[1] S. Cic. .

[2] Dieß geht deutlich hervor aus der Vergleichung der folgenden Stellen: , wo wir sehen, daß der Lälius nach dem Cato geschrieben ist, , wo deutlich gesagt ist, daß der Laelius vor den drei Büchern von den Pflichten geschrieben ist, und de Divinat. II, 1, 3, wo in der Aufzählung seiner philosophischen Schriften der Lälius und die Bücher noch nicht erwähnt sind.

Römische Staatsmann, der Römische Patriot, der im Hinblick auf die damalige traurige Lage des durch politische Parteien zerrissenen Staates sich die Aufgabe gestellt hat die Freundschaft und Eintracht seinen Landsleuten eindringlich an's Herz zu legen und sie ihnen als ein Gut zu empfehlen, auf dem nicht allein die Glückseligkeit der Einzelnen zum großen Theile, sondern auch der Friede und die Wohlfahrt des Staates beruhe. Aber die Verschmelzung dieser praktischen Tendenz mit den Lehrsätzen der Philosophie, die Cicero in seiner Schrift versucht hat, erzeugte große, zum Theil unauflösbare Schwierigkeiten[3] . Denn indem er einerseits den Begriff der Freundschaft nach dem sittlichen Standpunkte der Philosophie aufstellt, andererseits in seiner Entwickelung des Wesens der Freundschaft den Standpunkt des Römischen Staatsmannes einnimmt, geräth er nicht selten in Widersprüche, in Unklarheit der Darstellung, in ein unsicheres Schwanken nach der einen und der anderen Seite, in Wiederholungen.

4. Aber bei allen diesen Fehlern bleibt dennoch dieses Gespräch eine Schrift, die, an schönen Gedanken und den zartesten Empfindungen der Freundschaft reich, mit einer Fülle historischer Belege ausgerüstet und in anmuthiger Sprache vorgetragen, angenehm zu lesen ist uns um so mehr anzieht, als das Bild der Freundschaft nicht in der dürren Form einer abstrakten Abhandlung, sondern in der lebensvollen Gestalt eines edlen und fein gebildeten Römers dargestellt wird.

II. Von den Personen, die Cicero in der Abhandlung von der Freundschaft redend eingeführt hat.

1. Die Hauptperson des Gespräches über die Freundschaft ist *Gajus Lälius*. Um seinem Vortrage größeres Gewicht, Ansehen und Würde zu verleihen, trägt Cicero, wie er es auch in dem Gespräche über das Greisenalter gethan hat, seine Ansichten nicht in eigener Person vor, sondern überträgt sie dem Lälius. Die ganze Persönlichkeit dieses Mannes war in jeder Beziehung für diesen Zweck geeignet. Denn einerseits hatte die Freundschaft des Lälius und des jüngeren Scipio Africanus bei den Römern eine große Berühmtheit erlangt; sodann besaß Lälius alle Eigenschaften und Tugenden, die

---

[3] S. Moritz Seyffert in dem Kommentar zum Lälius S. 560 ff.

einen Menschen zu einer edlen, hochherzigen und innigen Freundschaft befähigen. Sein Charakter war nicht bloß durch Rechtlichkeit und Unbescholtenheit ausgezeichnet, sondern empfahl sich auch durch Freundlichkeit, Heiterkeit, Milde[4] ; durch das Studium der Griechischen Litteratur und der Griechischen Philosophie hatte er sich eine feine Bildung angeeignet; in seinem Leben bewies er überall einen Sokratischen Gleichmuth[5] , Besonnenheit, Mäßigung und Weisheit, so daß man ihm den ehrenvollen Beinamen des Weisen beilegte[6] .

2. *Gajus Lälius* war der Sohn des Gajus Lälius, der im J. R. 561 (= 193 v. Chr.) mit Lucius Scipio Asiaticus Consul war. Sein Geburtsjahr läßt sich nicht mit Bestimmtheit angeben; aber daß er um mehrere Jahre älter war als sein Freund Scipio[7] , der nach Livius (44, 44) im siebzehnten Lebensjahre an dem Feldzuge gegen Perses im J. 168 Theil nahm, also im J. 185 v. Chr. ward, wird uns berichtet[8] . Seine Jugend fällt also in die Zeit, wo die Römer mit der Griechischen Litteratur und der Griechischen Philosophie eine nähere Bekanntschaft machten. Als in dem J. 155 v. Chr. die drei Philosophen, der Neuakademiker Karneades, der Stoiker Diogenes und der Peripatetiker Kritolaus als Gesandte der Athener nach Rom kamen und gelehrte Vorträge hielten, gehörten Lälius und sein Freund Scipio zu den eifrigsten und fleißigsten Zuhörern derselben. Die Liebe zur Philosophie, die damals den jugendlichen Gemüthern eingeflößt worden war, blieb ihnen durch ihre ganze Lebenszeit. Später hörten Beide den Stoischen Philosophen Panätius und gewannen ihn so lieb, daß sie ihn zu ihrem vertrauten Freunde machten, wie auch von ihnen gerühmt wird, daß sie immer die gelehrtesten Männer aus Griechenland um sich gehabt hätten[9] .

---

[4] Vgl. Cicer. . pro Mur. 31, 66.

[5] S. Cicer. . Vgl. pro Arch. 7, 16.

[6] S. und 8; .

[7] Vgl. Cicer. ; de Rep. I, 12, 18: Laelium, quod aetate antecedebat, observabat in parentis loco Scipio.

[8] Anders Ellendt. Prolegom. ad Cicer. Brut. §. 16, der das Geburtsjahr des Scipio 572 oder 573 U. c. (182 v. Chr.), das des Lälius 567 oder 568 U. c. (187 v. Chr.) annimmt.

[9] S. Cicer. Fin. II, 8, 24; IV, 9, 23; .

3. Auch als *Redner* wird er von Cicero[10] gerühmt, und zwar übertraf er hierin seinen Freund Scipio. Er liebte in seinen Reden alterthümliche Ausdrücke und zeigte einen feinen Geschmack (elegantia) und eine fein ausgebildete Redeweise (limatius dicendi genus). Die Rede, die der Augur Lälius als Prätor (145) gegen den Gesetzvorschlag des Volkstribuns Gajus Licinius Crassus hielt, nennt Cicero[11] aureola (wunderschön). Auch im J. 130 trat er mit Scipio gegen den Gesetzvorschlag des Tiberius Sempronius Gracchus auf (s. zu Lälius).

4. Als Krieger und Staatsmann wird er allerdings von seinem Freunde überstrahlt; aber betrachten wir sein Leben für sich, so nimmt er auch in dieser Hinsicht eine ehrenvolle Stelle ein. In dem J. 146 nahm er in Afrika unter seinem Freunde Theil an dem Kriege gegen Karthago und leistete wichtige Dienste. Im folgenden Jahre (145) wurde er Augur und Prätor, und nach Spanien geschickt schwächte er den Lusitanier Viriathus, der einen blutigen Krieg gegen die Römer führte, dergestalt, daß er seinem Nachfolger einen leichten Krieg[12] . Das Consulat, um das er sich für das J. 141 vergeblich beworben hatte, erhielt er erst im folgenden Jahre (140)[13] mit Quintus Cäpio.

5. Das *Todesjahr* des Lälius ist unbekannt; nur so viel wissen wir, daß er seinen Freund Scipio, der 129 gestorben ist, überlebt hat.

6. *Quintus Mucius Scävola*, der zum Unterschiede von seinem gleichnamigen Verwandten, dem Oberpriester, der zu derselben Zeit lebte, der *Augur* genannt zu werden pflegt, war der Schwiegersohn des Lälius, der Schwiegervater des berühmten Redners Lucius Licinius Crassus, und Geschwisterkind (frater patruelis) mit Publius Mucius Scävola, der 133 v. Chr. das Consulat verwaltete und Begründer des bürgerlichen Rechtes war, und dessen Sohn der berühmte Oberpriester war. Sein Schwiegervater verschaffte ihm die Augurwürde. Im J. 121 v. Chr. war er Prätor in Asien und 117 Consul mit Licinius Cäcilius Metellus. Er war ein großer Rechtsgelehr-

---

[10] S. Cicer. Brut. c. 21, §. 82; c. 23, §. 89 und §. 93.

[11] S. unsere Anmerk. zu Lälius .

[12] S. Cicer. ; Brut. §. 84.

[13] S. Lälius .

ter; auch lag er unter dem Stoischen Philosophen Panätius dem Studium der Philosophie ob. Sein Charakter empfahl sich durch Freundlichkeit, Liebenswürdigkeit und Rechtschaffenheit. Bis in sein spätestes Alter, selbst bei schon geschwächter Gesundheit bewies er als Senator und Rechtsgelehrter eine unermüdliche Thätigkeit. Zu ihm wurde Cicero im sechzehnten Lebensjahre (91 v. Chr.) geführt, um von ihm die Rechtswissenschaft zu lernen; doch konnte er seinen Unterricht nur kurze Zeit genießen, da Mucius schon im J. 88 starb[14] .

7. *Gajus Fannius*, gleichfalls Schwiegersohn des Lälius, mit dem er aber nicht in dem besten Vernehmen stand, weil dieser dem Scävola bei der Augurwahl den Vorzug gegeben hatte, war im J. 136 v. Chr. Quästor und wenige Jahre darauf Prätor. Wie in seinem Wesen, so zeigte er auch in seiner Redeweise eine gewisse Härte. Auf Anrathen seines Schwiegervaters hörte er den Stoischen Panätius. Er schrieb auch ein historisches Werk, Jahrbücher genannt, in dem sich aber nur eine mäßige Gewandtheit der Rede kund gab[15] .

III. Von den in dieser Abhandlung benutzten Quellen[16] .

Die Hauptquelle ist Aristoteles' Ethik im achten und neunten Buche. Außerdem sind benutzt: Plato's Lysis und Xenophon's Denkwürdigkeiten des Sokrates; ferner nach Gellius (N. A. I, 3) Theophrastus' Schrift περὶ φιλίας, von dem nur einzelne Bruchstücke noch vorhanden sind, und nach Lynden (de Panaetio S. 108 sq.) Chrysippus' Bücher περὶ φιλίας und περὶ τοῦ δικάζειν. In dem Eingange unserer Schrift schwebt ihm der Eingang von Plato's Theätetus vor. Aber die Benutzung der Quellen ist eine sehr freie. Die denselben entnommenen Gedanken sind so sehr verarbeitet, mit Römischen Anschauungen vermischt und in Römische Formen umgegossen, daß die Abhandlung ganz den Eindruck einer Urschrift macht.

---

[14] S. unsere S. 21 f., wo die Belege für das Obige angegeben sind.

[15] S. Cicer. Brut. 26, 101; 21, 81; , 270; Brut. 31, 118: quam (eloquentiam) exiguam in Fannio video fuisse. Vgl. Cicer. de Legg. I, 2, 6. Uebrigens ist dieser Fannius, des Marcus Sohn, häufig mit dem Sohne des Gajus Fannius verwechselt wurden. S. OrelliOnomast. p. 250 sq.

[16] S. unsere Schrift: Ciceronis in philos. merita p. 117 sq.

IV. Inhalt der Abhandlung.

I. Zuschriftan *Titus Pomponius Atticus*, worin er erwähnt, wie ihm das Gespräch des Lälius von der Freundschaft mitgetheilt sei, und den Grund angibt, warum er in seiner Abhandlung die dialogische Form gewählt und den Lälius zur Hauptperson des Gespräches gemacht habe (). Betrachtung über die Weisheit des Lälius (). Lobrede auf den jüngeren Scipio Africanus () Betrachtung über die Unsterblichkeit der Seele, durch die Erwähnung von Scipio's Tode hervorgerufen ().

II. Abhandlung. A. *Erster Theil: über die praktische Bedeutung und den Nutzen der Freundschaft*. Die Freundschaft verdient vor allen irdischen Gütern den Vorzug. Sie kann aber nur unter Guten, d. h. Tugendhaften, bestehen. Die Freundschaft ist in der Natur selbst (d. h. in der Vernunft) begründet, indem sie die Menschen auf ein geselliges Leben hingewiesen hat. Die eigentliche Freundschaft aber beschränkt sich auf den Bund zweier oder weniger Personen (). Denn sie setzt die vollkommenste Uebereinstimmung in allen göttlichen und menschlichen Dingen, verbunden mit Wohlwollen und Liebe, voraus, und ist als das höchste aller äußeren Güter zu betrachten, das zugleich auch die Tugend mitumfaßt, insofern sie aus derselben entspringt und ohne dieselbe nicht bestehen kann. Aufzählung der Vortheile der auf Tugend beruhenden Freundschaft: a) Sie läßt einerseits unser Glück in schönem Lichte erscheinen; andererseits erleichtert sie Unglück und Mißgeschick durch Theilnahme und Mitgefühl; b) während alle anderen äußeren Güter nur einzelnen Zwecken dienen, verbreitet sich die Freundschaft über die meisten Lebensverhältnisse und ist immer angenehm und nothwendig (); c) die Freundschaft erfüllt uns auch für die Zukunft mit freudiger Hoffnung und läßt den Muth nicht sinken (); indem Lälius von dem engeren Begriffe der Freundschaft zu dem allgemeineren des Wohlwollens (zu der politischen Freundschaft) übergeht, führt er als Vortheil derselben die Eintracht der Staaten an ().

B. *Zweiter Theil: über den Grund der Freundschaft*. Der Grund wahrer Freundschaft ist die auf Tugend beruhende Liebe, nicht die Hülfsbedürftigkeit. Dieser unmittelbare Trieb der Natur zeigt sich schon bei den Thieren, aber ungleich deutlicher bei den Menschen, und zwar zuerst in der Liebe zwischen Aeltern und Kindern, sodann in der Liebe zu einem uns geistig und sittlich verwandten Menschen, in dem wir ein Vorbild der Rechtschaffenheit und Tugend zu erkennen glauben. Denn die Tugend übt den mächtigsten Einfluß auf unser Gemüth (). Wird diese auf Tugend beruhende Liebe durch gegenseitige Dienstleistungen, durch persönliche Zuneigung und durch näheren Umgang befestigt; so erreicht sie ihre wahre Vollkommenheit. – Widerlegung der Ansicht, daß die Freundschaft ihren Ursprung in der Hülfsbedürftigkeit habe. – Liegt der Grund der in der Natur (d. h. in der höchsten Vernunft), so ist die Freundschaft ewig, da die Natur unwandelbar ist ().

C. *Dritter Theil: die Pflichten der Freundschaft, und zwar zuerst der edlen Freundschaft.* Vorerst werden vom Standpunkte des praktischen Lebens aus, namentlich des Römischen Staatslebens, die Gefahren aufgezählt, die den Bestand der Freundschaft bedrohen: a) die Verschiedenheit der Vortheile oder der politischen Ansichten; b) Aenderung des Charakters in Folge widriger Ereignisse oder in Folge des vorrückenden Alters; c) Zumuthungen von Dingen, die der Tugend und Sittlichkeit widerstreben ().

Indem sich nun Lälius zunächst gegen den letzten Punkt wendet, wirft er die Frage auf: »*Wie weit darf die Liebe in der Freundschaft gehen?*« und beantwortet sie auf folgende Weise: a) Wir dürfen weder von dem Freunde etwas Unsittliches verlangen, noch dem Freunde gewähren. Denn der Grund der Freundschaft muß die Tugend sein; wird man also der Tugend abtrünnig, so kann die Freundschaft nicht fortbestehen. Das Unsittliche wird insbesondere im Sinne des Römischen Staatsmannes als das dem Staate Nachtheilige aufgefaßt. Ist aber ein Gutgesinnter ohne sein Wissen der Freund eines Mannes geworden, der feindselige Gesinnungen gegen sein Vaterland hegt, so ist es Pflicht eine solche Freundschaft sofort wieder aufzulösen (, XII.). b) Wenn also als erstes Gesetz der Freundschaft gilt, daß wir von Freunden nur Sittlichgutes erbitten und um der Freunde willen nur Sittlichgutes thun; so ist es unsere Pflicht auch unaufgefordert im Sinne der Tugend dem Freunde Dienste zu leisten und ihm mit Rath und That zur Seite zu stehen, sowie auch dessen wohlmeinenden Ermahnungen Folge zu leisten. Widerlegung derjenigen Ansichten der Epikureer und Cyrenaiker, welche dem Begriffe einer auf sittlichem Boden beruhenden, opferungsfähigen Freundschaft widerstreben. Unverträglich mit der Freundschaft ist auch das Leben eines Gewaltherrschers, sowie auch die Gesinnung der nach Macht und äußerer Ehre Strebenden (–XV). c) Genauere Bestimmung der obigen Frage, d. h. der *Gränzen der Liebe*. Nach Verwerfung der gewöhnlich über dieselben aufgestellten egoistischen Ansichten (), wird die Bestimmung zwischen sittlichguten Freunden muß die Gemeinschaft aller Angelegenheiten, Entwürfe und Wünsche ohne irgend eine Ausnahme stattfinden; selbst minder gerechte Wünsche der Freunde müssen in gefährlichen Lagen derselben von uns insoweit unterstützt werden, als wir uns dadurch nicht selbst allzu sehr erniedrigen ().

In Beziehung auf die zweite den Bestand der Freundschaft bedrohende Gefahr, die sich auf den Charakter der Freunde bezieht, wird die Frage über den *Charakter der Freunde* behandelt. Die Sorglosigkeit der Menschen bei der Wahl der Freunde ist häufig der Grund zur Auflösung der Freundschaft. Die Eigenschaften des Freundes, die ein dauerndes Verhältniß begründen, sind folgende: Charakterfestigkeit, Treue und die mit dieser zusammenhängenden Eigenschaften: Aufrichtigkeit, Umgänglichkeit, Gleichheit der Gesinnung. Zu diesen Eigenschaften muß aber auch eine gewisse Liebenswürdigkeit des Wesens als Würze der Freundschaft hinzutreten (–64; XVIII). Hieran wird die Frage gereiht: *Wie haben wir uns bei der Aufnahme neuer Freunde zu verhalten?* und so beantwortet: die durch die Länge der Zeit bewährten Freundschaften müssen uns die theuersten sein, die neuen aber sind, wenn sie zu schönen Hoffnungen berechtigen, nicht zu verschmähen (68). – *Wie muß aber das Verhältniß zwischen ungleichen Freunden sein?* Bei Ungleichheit der Freunde muß Gleichheit hergestellt werden, indem es für die Höherstehenden Pflicht ist sich zu den Niedrigeren herabzulassen und sich ihnen gleichzustellen, für diese dagegen sich moralisch zu erheben und über die Vorzüge jener nicht verdrießlich zu werden (– 73). – Schließlich werden zwei aus dem Gesagten sich ergebende Bemerkungen hinzugefügt: a) die Freundschaft kann nur unter Männern bestehen, in denen der Charakter zur Reife gediehen ist; b) man soll sich hüten, daß nicht übertriebenes Wohlwollen wesentlichen Vortheilen der Freundschaft hinderlich sei (75).

D. *Die Pflichten der gewöhnlichen Freundschaft.* a) Wenn an den Freunden Fehler hervorbrechen, die sich gegen ihre eigenen Freunde oder gegen Fremde, deren Schimpf auf die Freunde zurückfällt, äußern; so ist es Pflicht solche Freundschaften aufzulösen; – Ist eine Veränderung in dem Charakter und den Neigungen oder eine Mißhelligkeit unter den Parteien des Staates eingetreten, so muß man sich hüten, daß es nicht scheine, als ob man nicht allein die Freundschaft aufgegeben, sondern sogar Feindschaft begonnen habe. – c) Besonders muß man sich hüten, daß sich nicht Freundschaften in Feindschaften umwandeln. – Zur Vermeidung der angegebenen Fehler ist Vorsicht in der Wahl der Freunde nothwendig. Würdig der Wahl sind nur diejenigen, in welchen selbst der Grund liegt, warum man sie liebe. Nicht des Vortheiles wegen, sondern um ihrer selbst willen ist die Freundschaft wünschenswerth (). – d) Man darf vom Freunde nicht verlangen, was man selbst nicht sein und leisten kann. Sei zuerst selbst gut, sodann suche einen dir Aehnlichen; beherrsche also die Begierden, denen Andere fröhnen; habe Freude an Billigkeit und Gerechtigkeit; sei bereit für deinen Freund Alles zu übernehmen; verlange von ihm nur, was sittlichgut ist; die Freunde sollen sich nicht allein ehren und lieben, sondern auch Hochachtung vor einander hegen. Die Freundschaft ist dem Menschen von der Natur nicht als Gefährtin zum Laster, sondern als Gehülfin der Tugend gegeben. Die Tugend in Gemeinschaft mit der Freundschaft ist fähig das höchste Ziel zu erreichen, das heißt die auf Vernünftigkeit und Sittlichkeit beruhende Glückseligkeit. Darum müssen wir uns der Tugend befleißigen, ohne die weder Freundschaft noch irgend ein wünschenswerthes Gut erreicht werden kann (). Die Sorglosigkeit aber, mit der häufig Freundschaften geknüpft und gelöst werden, ist um so tadelnswerther, als der Nutzen der Freundschaft unter den menschlichen Dingen einstimmig anerkannt wird, indem Alle urtheilen, ohne Freundschaft sei das Leben kein Leben, wenn man nur einigermaßen mit Anstand leben wolle. Denn sie erstreckt sich über alles Leben und alle Lebensverhältnisse (). Am Schlusse werden noch einige Vorschriften für die Erhaltung der Freundschaft hinzugefügt: Vermeide oder beseitige oder ertrage Veranlassungen zu Mißtrauen und Beleidigungen; mußt du den Freund zurechtweisen oder tadeln, so thue es ohne Bitterkeit und ohne Beschimpfung; den wohlwollenden Tadel des Freundes nimm freundlich auf; vor Allem hüte dich vor Schmeichelei und Liebedienerei. Bemerkungen über den Grund des Wohlgefallens an Schmeicheleien und über die selbst für gesinnungsvolle

Männer nöthige Vorsicht sich nicht durch schlaue Schmeichelei berücken zu lassen (–XXVI.).

III. Schluß. Kurze Wiederholung des Grundgedankens der Abhandlung: der Grund der wahren Freundschaft ist die Tugend, welche die Freundschaften schließt und erhält. Denn auf ihr beruht die Uebereinstimmung in allen Dingen, die Beharrlichkeit und Charakterfestigkeit. Das schöne Bild der edlen Freundschaft, in welcher Lälius und Scipio gelebt haben, und deren Erinnerung auch nach Scipio's Tode Lälius' Gemüth mit Dank und erhebenden Empfindungen erfüllt hat, bildet einen würdigen Schluß des ganzen Gespräches ().

Tullius Cicero's

Laelius

Oder

von der Freundschaft.

Der Augur Quintus Mucius[17] pflegte Vieles von seinem Schwiegervater Gajus Lälius[18] vermöge seines treuen Gedächtnisses in anziehender Weise zu erzählen und ihn ohne Bedenken in jeder Unterredung den Weisen zu nennen. Ich aber war nach Anlegung der männlichen Toga[19] von meinem Vater zu dem Zwecke dem Scävola zugeführt worden, daß ich mich, so lange ich könnte und dürfte, nie von des Greises Seite entfernte. Daher prägte ich manche seiner einsichtsvollen Erörterungen, auch manche seiner kurzen und treffenden Aussprüche meinem Gedächtnisse ein und suchte so durch seine Einsicht gebildeter zu werden.

Nach seinem Tode schloß ich mich an den Oberpriester Scävola[20] an, den ich für den durch geistige Befähigung sowol als durch ausgezeichnetsten Mann in unserem Staate zu erklären wage. Doch von ihm ein andermal; ich kehre nun wieder zum Augur zurück.

Unter manchem Anderen erinnere ich mich, wie er einmal zu Hause nach seiner Gewohnheit auf einem Lehnsessel[21] saß und, als ich und einige wenige sehr vertraute Freunde zugegen waren, auf das Gespräch verfiel, das damals bei Vielen fast ausschließlich den Gegenstand ihrer Unterhaltung bildete. Du erinnerst dich jedenfalls,

---

[17] Ueber Quintus Mucius Scävola mit dem Beinamen Augur s. die .

[18] Ueber Gajus Lälius s. die .

[19] Im sechszehnten Jahre seines Lebens, 71 v. Chr.

[20] Quintus Mucius Scävola, Sohn des Publius Scävola, Hoher Priester 95 v. Chr., im J. 93 mit Crassus, dem berühmten Redner, Consul, ein großer Rechtsgelehrter. Redner und Staatsmann, ein Muster von Besonnenheit und Klugheit, im J. 85 von Cinna, dem Anführer der Marianischen Partei, getödtet. S. Cicer. ; III. 32, 80[?]. Vgl. OrelliOnom. p. 406 sqq.

[21] in hemicyclio. Hemicyclium (τὸ ἡμικύκλιον) war ein halbrunder Lehnsessel, etwa wie bei uns ein Fauteuil.

mein Atticus[22] , und zwar um so mehr, weil du viel mit Publius Sulpicius[23] verkehrtest, – wie dieser Volkstribun bis zu tödtlichem Hasse mit Quintus Pompejus[24] , dem damaligen Consul, mit dem er doch sonst in der innigsten Verbindung und in dem freundschaftlichsten Verhältnisse gelebt hatte, zerfallen war, und wie sehr man sich allgemein darüber theils verwunderte theils klagte.

Damals nun theilte uns Scävola, als er gerade auf diesen Gegenstand zu sprechen kam, das Gespräch des *Lälius* von der *Freundschaft* mit, das dieser mit ihm und seinem zweiten Schwiegersohne Gajus Fannius[25] , des Marcus Sohne, wenige Tage nach Tode des Africanus[26] gehabt hatte. Die Hauptgedanken dieses Gesprächs habe ich meinem Gedächtnisse eingeprägt und sie in dieser Schrift nach meinem Gutdünken auseinandergesetzt. Ich habe nämlich die Personen gleichsam selbst redend eingeführt, um nicht so oft »sagte ich« und »sagte er« einschalten zu müssen, und um dem Gespräche den Schein zu geben, als ob es von persönlich Anwesenden mündlich gehalten würde.

Da du mir nämlich oft den Antrag machtest, ich möchte Etwas über die Freundschaft schreiben; so erschien mir dieser Gegenstand einmal der allgemeinen Kunde würdig und dann unserer vertrauten Freundschaft angemessen. So habe ich mich denn auf dein Ansuchen entschlossen, und zwar nicht ungern, hiermit Vielen nütz-

---

[22] Ueber Titus Pomponius Atticus s. zum .

[23] Publius Sulpicius Rufus, 93 v. Chr. Quästor, 90 und 89 Unterfeldherr (legatus) im Bundesgenossenkriege, 88 Volkstribun. Bis zum Volkstribunate war sein Benehmen ohne allen Tadel. Bald aber durch Ehrgeiz verleitet, ging er von der Partei der Aristokraten, die auf ihn große Hoffnung gesetzt hatten (Cicero), zu der Volkspartei, an deren Spitze Marius stand, über und zeigte sich durch aufrührerische Gesetzvorschläge dem Staate verderblich. Sulla ließ ihn tödten (88), weil er als Volkstribun den Vorschlag gethan hatte den Oberbefehl im Mithridatischen Kriege, den Sulla vom Senate erhalten hatte, dem Marius zu übertragen. Er war auch ein ausgezeichneter Redner, wie wir aus Cicero; Brut. 55, 202 sq. sehen.

[24] Quintus Pompejus Rufus und Sulla waren im J. 88 Consuln und widersetzten sich den verderblichen Vorschlägen des Sulpicius. Pompejus wurde in einem Aufruhre, der bei dieser Gelegenheit auf dem Forum entstand, getödtet.

[25] Ueber Gajus Fannius s. die .

[26] Nämlich des jüngeren Scipio Africanus. Ueber ihn s. die .

lich zu werden. Aber sowie ich in meinem, dir gewidmeten, älteren Cato über das Greisenalter den greisen Cato[27] einführte, weil meines Erachtens keine Persönlichkeit von diesem Alter zu reden geeigneter war, als der Mann, der einerseits so lange Greis war, andererseits im Greisenalter selbst vor allen Anderen jugendlicher Frische genoß: ebenso schien mir nach den von unseren Vätern über die höchst denkwürdige Freundschaft des Gajus Lälius und Publius Scipio hinterlassenen Nachrichten die Persönlichkeit des Lälius geeignet über die Freundschaft eben die Gedanken zu entwickeln, die aus seinem Vortrage Scävola gehört zu haben sich erinnerte.

Diese Art von Gesprächen aber, die sich auf das Ansehen berühmter Männer aus der Vorzeit stützt, scheint mir, ich kann nicht sagen warum, mehr Gewicht zu haben. Daher werde ich beim Lesen meiner eigenen Schrift manchmal in eine solche Stimmung versetzt, daß ich meine, Cato und nicht ich rede.

Aber sowie ich damals an einen Greis als Greis über das Greisenalter schrieb, so schreibe ich in dieser Abhandlung als vertrauter Freund an einen Freund über die Freundschaft. Damals redete Cato, der in jenen Zeiten wol der älteste aller Greise war und an alle übertraf; jetzt wird Lälius, ein weiser Mann – denn dafür galt er – und wegen seiner Freundschaft rühmlichst bekannt, über die Freundschaft reden. Du mögest nun deine Gedanken auf einen Augenblick von mir ablenken und dir vorstellen, Lälius rede selbst.

Gajus Fannius und Quintus Mucius kommen nach dem Tode des Africanus zu ihrem Schwiegervater; diese eröffnen die Unterredung; Lälius antwortet. Diesem ist die ganze wissenschaftliche Erörterung von der Freundschaft zuertheilt, und wenn du sie liest, wirst du dich selbst darin finden.

Fannius.

So ist es, mein Lälius; es gab ja keinen edleren und berühmteren Mann, als Africanus war. Aber du mußt bedenken, daß Aller Augen nur auf dich gerichtet sind. Dich nennt man den Weisen und hält dich dafür. Diese Ehre erwies man vor nicht langer Zeit[28] dem Mar-

---

[27] Nämlich den älteren Marcus Porcius Cato Censorius. Ueber ihn s. die

[28] Vor zwanzig Jahren; denn der ältere Cato war im J. 149 v. Chr. in seinem fünfundachtzigsten Lebensjahre gestorben.

cus Cato; wir wissen, daß Lucius Acilius[29] zur Zeit unserer Väter ein Weiser genannt wurde; aber beide in anderer Beziehung: Acilius, weil er für kenntnißreich im bürgerlichen Rechte galt; Cato, weil er in vielen Dingen Erfahrung besaß. Viele einsichtsvolle Rathschläge im Senate und auf dem Forum, viele kräftige Vorträge und scharfsinnige Rechtsbescheide waren von ihm im Umlauf. Deßwegen führte er im Greisenalter gewissermaßen schon den Beinamen des Weisen. Du aber, meint man, seiest in einer anderen Beziehung nicht allein wegen deiner Naturanlagen und deines Charakters, sondern auch wegen deiner wissenschaftlichen Thätigkeit und gelehrten Bildung ein Weiser, und nicht im Sinne der großen Menge, sondern wie Männer von Bildung Einen weise zu nennen pflegen, desgleichen man in dem übrigen Griechenland Keinen findet; – denn die sogenannten Sieben setzen die, welche die Sache genauer[30] , nicht in die Zahl der Weisen; – nur in Athen wurde, wie uns berichtet wird, *Einer*, und zwar sogar durch Apollo's Ausspruch, für den Weisesten erklärt[31] . Eine solche Weisheit, meinen sie, besäßest du, indem du der Ansicht seiest, dein ganzes Glück sei nur in dir begründet, und die menschlichen Zufälle der Tugend untergeordnet. Daher fragen sie mich, ich glaube auch unseren Scävola hier, auf welche Weise du den Tod des Africanus ertragest, und zwar um so mehr, weil du an den letzten Nonen[32] , wo wir zur Berathung, wie gewöhnlich, in die Gärten des Augurs Decimus Brutus[33] gekommen waren, nicht zugegen warst, da du doch sonst diesen Tag und dieses Geschäft immer mit der größten Gewissenhaftigkeit zu beobachten pflegtest.

---

[29] Gaius Acilius, ein älterer Zeitgenosse des Cato Censorius (um 200 v. Chr.), der bei Cicer. Leg. II, 23, 59 als Ausleger der zwölf Tafeln genannt wird. Andere lesen Atilius für Acilius.

[30] Nämlich die Geschichtsforscher und Philosophen.

[31] S. zum .

[32] An den Nonen (d. h. am siebenten Tage im März, Mai, Julius und Oktober, am fünften Tage in den übrigen Monaten) pflegten die Auguren, um Auspicien anzustellen, außerhalb Roms an einem freien Platze zusammenzukommen. Vergl. Cicer. Divin. I, 41, 90.

[33] Decimus Junius Brutus, im J. 134 v. Chr. mit Publius Scipio Nasica Serapio Consul. S. über ihn OrelliOnomast. p. 317.

Scävola.

Freilich fragen Viele, Gajus Lälius, wie Fannius erwähnte; aber ich antwortete das, was ich bemerkt habe: du ertrügest den Schmerz, den du durch den Tod des so großen und dir so befreundeten Mannes empfunden habest, mit weiser Mäßigung; du habest nicht ungerührt bleiben können; auch sei dieses deiner menschenfreundlichen Gesinnung nicht angemessen gewesen; daß du aber an den Nonen unserer Versammlung nicht beigewohnt habest, davon sei dein Befinden und nicht deine Wehmuth Ursache gewesen.

Lälius.

Ja, mein Scävola, du hast recht und der Wahrheit gemäß gesprochen. Denn so wenig ich mich von dieser Obliegenheit, die ich in gesunden Tagen immer erfüllte, durch ein eigenes Mißgeschick abhalten lassen durfte; ebenso wenig darf meines Erachtens überhaupt ein Unfall für einen Mann von festen Grundsätzen Veranlassung werden eine Pflicht zu unterlassen.

Wenn du aber, mein Fannius, sagst, man erweise mir so viel Ehre, als ich weder anerkenne noch in Anspruch nehme; so ist dieß bloße Freundschaft von dir, aber dein Urtheil über Cato ist, wie mich dünkt, nicht richtig. Denn entweder war Niemand ein Weiser, – und dieß möchte ich eher glauben, – oder wenn irgend Einer, so war es dieser. Wie, um Anderes zu übergehen, ertrug er den Tod seines Sohnes[34] ! Ich erinnerte mich an Paullus[35] , ich hatte den Gallus[36] gesehen; aber diese bei dem Tode von Kindern, den Cato bei dem Tode eines ausgebildeten und bewährten Mannes. Darum ziehe dem Cato ja Niemanden vor, selbst nicht einmal den, welchen Apollo, wie du sagst, für den Weisesten erklärte. Denn an jenem rühmt man Thaten, an diesem nur Reden.

Was aber mich betrifft, damit ich nun zu euch beiden rede, so vernehmt Folgendes:

---

[34] Ueber den Sohn des Cato s. zum .

[35] Ueber Lucius Aemilius Paullus Macedonicus s. zum .

[36] Ueber Gajus Sulpicius Gallus s. zum .

Wollte ich behaupten, die Sehnsucht nach Scipio rühre mich nicht; so mögen die Weisen[37] entscheiden, inwieweit ich daran recht thäte; jedenfalls würde ich eine Unwahrheit sagen. Ja, ich werde gerührt, indem ich mich eines Freundes beraubt sehe, wie es nach meiner Ueberzeugung nie mehr einen geben wird, und wie es – ich darf es behaupten – gewiß keinen gegeben hat. Aber ich bedarf keines Heilmittels, ich tröste mich selbst, und zwar hauptsächlich durch den Trost, daß ich von dem Irrthume frei bin, der sehr Viele beim Hinscheiden ihrer Freunde zu beängstigen pflegt. Schlimmes ist dem Scipio, glaub' ich, nicht widerfahren; mir widerfuhr es, wenn es Einem widerfuhr. Wegen eigener Unfälle aber sich sehr ängstigen zeugt nicht von Freundesliebe, sondern von Selbstliebe.

Wer aber leugnen, daß es um ihn herrlich stehe? Denn wenn er sich nicht, was auf keine Weise seine Meinung war, ein unvergängliches Erdenleben wünschen wollte; hat er nicht Alles erlangt, was dem Menschen zu wünschen vergönnt ist? er, der die höchsten Erwartungen seiner Mitbürger, die sie von ihm schon in seinem Knabenalter hegten, sofort in seinem Jünglingsalter durch außerordentliche Tüchtigkeit übertraf[38]; er, der, ohne sich jemals um das Consulat zu bewerben, zweimal Consul ward, das erste Mal vor der gesetzlichen Zeit[39], das zweite Mal für seine Person zu rechter Zeit[40], für den Staat beinahe zu spät[41]; er, der durch Zerstörung

---

[37] Lälius versteht hier unter den Weisen die Stoiker, die bekanntlich wollten, daß der Weise von jeder Gemüthsbewegung frei sei. S. Zeller Philos. der Griechen, III. Theil S. 132 ff.

[38] Schon in einem Alter von 17 Jahren, 169 v. Chr., zeichnete sich Scipio im Kriege gegen Perseus unter Anführung seines Vaters aus, dann in Spanien im J. 151 als Kriegstribun unter dem Consul Lucius Lucullus, wo er die Mauern von Intercatia zuerst bestieg (Liv. epit. 48), zwei Jahre darauf (149) in Afrika, wo er das Römische Heer zweimal rettete (Liv. ep. 49).

[39] Nach den Gesetzen (s. die folg. Anmerk.) durfte sich Niemand vor dem 43. Lebensjahre um das Consulat bewerben, auch nicht um ein höheres Amt, bevor er das niedere verwaltet hatte. Scipio aber wurde in seinem 36. Lebensjahre (147 v. Chr.), als er sich um die Aedilität bewarb, vom Volke einstimmig zum Consul erwählt.

[40] Zum zweiten Male wurde Scipio im J. 134 v. Chr. gewählt, 12 Jahre nach seinem ersten Consulate, also zu rechter Zeit. Durch das Genutische (lex Genutia), das im J. 81 v. Chr. von Lucius Cornelius Sulla in dem Gesetze über die Magistrate (lex de magistratibus) erneuert und befestigt worden war, wurde

zweier unserem Reiche so feindseligen Städte[42] nicht nur die gegenwärtigen, sondern auch die zukünftigen Kriege vernichtete. Was soll ich von seinem liebreichen Wesen sagen, von der zärtlichen Liebe gegen seine Mutter[43], von der Freigebigkeit gegen seine[44], von der Herzensgüte gegen die Seinigen[45], von der Gerechtigkeit gegen Alle? Diese Eigenschaften sind euch bekannt. Wie theuer er aber seinen Mitbürgern war, das zeigte sich in der tiefen Betrübniß bei seinem Leichenbegängnisse. Was hätte ihm also der Zuwachs weniger Jahre[46] nützen können? Denn so wenig drückend auch das Greisenalter sein mag, – dieß entwickelte, wie ich mich erinnere, Cato im Jahr vor seinem Tode in meiner und Scipio's Gegenwart, – so raubt es uns doch die Jugendfrische, in der sich Scipio noch befand.

Was also sein Leben betrifft, so war es an Glück sowol als an Ruhm so reich, daß Nichts hinzu kommen konnte; das Gefühl des Sterbens aber benahm ihm die Schnelligkeit seines Todes. Ueber die Art seines Todes ist es schwer eine bestimmte Behauptung aufzu-

---

bestimmt, daß Niemand dasselbe Amt binnen 10 Jahren zweimal bekleiden sollte.

[41] Wäre Scipio früher zum zweiten Male zum Consul erwählt worden, so würde die Einnahme Sumantia's, das acht Jahre hindurch belagert worden war, eher erfolgt und nicht der schmachvolle Friedensvergleich des Consuls Gajus Hostilius Mancinus in dem Kriege mit den Numantinern im J. 135 abgeschlossen worden sein.

[42] Karthago im J. 146 v Chr. und Numantia im J. 133.

[43] Scipio unterstützte mit seinem Vermögen seine von seinem Vater geschiedene Mutter Papiria, und nach dem Tode der Aemilia, seiner Adoptivgroßmutter, der Gemahlin des älteren Scipio Africanus, schenkte er ihr auch die ihm von seiner Großmutter hinterlassene Erbschaft. S. Polyb. Excerpt. libri XXXII, cap. 12 u. 13.

[44] Seinen Schwestern, von denen die eine an Marcus Cato, den Sohn des Cato Censorius, die andere an Quintus Tubero verheirathet war, überließ er die nach dem Tode seiner Mutter ihm zum zweiten Male zugefallene Erbschaft der Aemilia.

[45] So namentlich gegen seinen Bruder Quintus Fabius Maximus, dem er die ganze Erbschaft seines natürlichen Vaters Lucius Paullus überließ. Vgl. CiceroParad. 6, 2.

[46] Scipio starb im 54. Jahre seines Lebens (129 v. Chr.).

stellen; was die Leute darüber erwähnen[47] , wißt ihr. So viel läßt sich jedoch in Wahrheit behaupten, daß für den Publius Scipio unter den vielen gefeierten und freudigen Tagen, die er erlebte, der[48] Tag der glänzendste war, wo er nach Entlassung des gegen Abend von den versammelten Vätern, von dem Römischen Volke[49] , von den Bundesgenossen und den Latinern[50] nach Hause zurückbegleitet wurde, – es war der Tag vor seinem Hinscheiden aus diesem Leben, – so daß er von der so hohen Stufe der Würde zu den oberen Göttern vielmehr als in die Unterwelt gelangt zu sein scheint.

Ich stimme nämlich den Philosophen[51] nicht bei, die unlängst die Ansicht zu entwickeln anfingen, mit dem Körper gebe zugleich die Seele unter, und Alles werde durch den Tod vernichtet. Eine größere Geltung hat bei mir der Glaube der Alten, theils unserer Vorfah-

---

[47] Man argwöhnte, Scipio sei durch Gift oder Gewalt getödtet. Scipio wurde nämlich, als er sich im J. 129 dem Marcus Fulvius, Gajus Gracchus und Gajus Carbo, den Triumvirn für die Vertheilung der Aecker nach dem Gesetze des Tiberius Gracchus, widersetzt hatte, am folgenden Morgen todt im Bette gefunden. Namentlich wurde Carbo dieser Frevelthat beschuldigt. Nach Anderen fiel der Verdacht auf Scipio's Gemahlin Sempronia, die Schwester der Cornelia, der Mutter der Gracchen, nach Anderen auf Cornelia selbst, nach Anderen auf Gajus Gracchus u. s. w. S. Gernhard zu dieser Stelle. OrelliOnom. p. 189 führt an: V. Theophili Scheu de morte Africani minoris ejusque auctoribus dissertatio historico-critica in Beier's größerer Ausg. des Lälius (Lips. 1828) S. 174 sqq.

[48] Scipio hatte in der Senatssitzung die mit der von Gajus Gracchus vorgeschlagenen Aeckervertheilung verbundenen Schwierigkeiten auseinandergesetzt und den Rath ertheilt, man möchte wenigstens anderen Männern als den in erwähnten das Geschäft der Vertheilung anvertrauen. Seine Feinde, durch diese Rede erbittert, beschuldigten ihn beim Volke, daß er nach der Oberherrschaft strebe. Gegen diese Beschuldigung vertheidigte er sich am Tage vor seinem Tode in einer heftigen Rede vor dem Volke. Darauf begab er sich in den Senat und sprach von der Gefahr, die ihm von seinen Feinden drohe.

[49] D. h. dem Theile des Römischen Volkes, der auf Seiten des Scipio und der Optimaten stand.

[50] Die Latiner waren zwar auch Bundesgenossen der Römer, aber sie werden als die bevorzugten Bundesgenossen besonders genannt.

[51] Nämlich Epikureer, deren Lehre seit dem Aufenthalte der Athenischen Gesandtschaft in Rom (155 v. Chr.), also zur Zeit des Lälius, den Römern bekannt geworden war. S. unsere Schrift Ciceronis in philosophiam merita p. 9. sqq.

ren, die den Verstorbenen so heilige Rechte ertheilten, was sie in der That nicht gethan hätten, wenn sie der Meinung gewesen wären, daß es keinen Einfluß auf sie habe[52] ; theils der Philosophen[53] , die in unserem Lande lebten und Großgriechenland, das jetzt freilich vernichtet ist, damals aber in Blüte stand, theils des Mannes, der durch Apollo's Ausspruch[54] für den Weisesten erklärt wurde, der in diesem Punkte nicht, wie er sonst zu thun pflegte, heute dieses, morgen jenes[55] , sondern immer dasselbe behauptete: »die der Menschen seien göttlichen Ursprunges, und ihnen stehe, wenn sie aus dem Körper herausgegangen seien, die Rückkehr in den Himmel offen, und diese sei für die Besten und Gerechtesten auch immer am Ungehindertsten«[56] .

Ganz dieselbe Ansicht hierüber hatte auch Scipio[57] , der ja, als ob er eine Ahnung gehabt hätte, nur sehr wenige Tage vor seinem Tode in Gegenwart des Philus[58] und Manilius[59] und noch mehrerer

---

[52] Vergl. die ganz ähnliche Stelle Cicer. Tuscul. I, 12, 27.

[53] Nämlich der Pythagoreer. Vgl. Cicer. und unsere Anmerk. zu .

[54] S. und die Anmerk. zum .

[55] Dieses bezieht sich auf die Ironie (verstellte Unwissenheit) des Sokrates, die er gegen die Anmaßung der damaligen Sophisten anwandte. Daher scheint er über dieselben Gegenstände der Philosophie zu verschiedenen Zeiten verschiedene Ansichten zu haben, und selbst in Betreff der Unsterblichkeit, über die er nach unserer Stelle zu jeder Zeit dieselbe Ansicht ausgesprochen haben soll, äußert er sich, wie M. Seyffert richtig bemerkt, am Ende der Apologie bei Platon anders als im Phädon desselben Philosophen.

[56] Vgl. Cicer. Tuscul. I, 30, 73.

[57] In den sechs Büchern von dem Staate, die in dialogischer Form abgefaßt sind, wird dem jüngeren Scipio Africanus die Hauptrolle des Gespräches übertragen. Das letzte dieser Bücher enthält das Somnium Scipionis, d. h. den Traum, in dem zwei Jahre vor Karthago's Zerstörung der jüngere Africanus den älteren Africanus gesehen zu haben vorgibt. Dieses Somnium Scipionis ist uns ganz erhalten; von dem Uebrigen besitzen wir nur Bruchstücke, die erst in neuerer Zeit der Bibliothekar Angelo Majo in Mailand entdeckt und herausgegeben hat.

[58] Lucius Furius Philus, ein Freund des Lälius und Scipio, ein angesehener und fein gebildeter Mann, auch guter Redner. Vgl. Cicer. ; Brut. 28, 108.

[59] Manius Manilius, im J. 150 v. Chr. Consul. ein guter Redner und Rechtsgelehrter. Vgl. Cicer. Brut. 28, 108. Er war der Verfasser der leges venalium vendendorum d. h. einer Sammlung von Formeln, die bei Kaufs- und Verkaufskontrakten gebräuchlich waren. Cicer. In dem werden seine geringen Vermögensumstande erwähnt.

Anderer – und auch du, Scävola, warst mit mir hingekommen – drei Tage lang seine Ansichten über den Staat entwickelte, und der Schluß seiner Untersuchung bestand fast ausschließlich in dem, was er von der Unsterblichkeit der Seele während der Nachtruhe in einem Traumgesichte aus dem Munde des Africanus gehört zu haben versicherte.

Ist dem so, daß der Geist der Edelsten sich beim Tode aus dem Gewahrsam und den Banden des Körpers am Leichtesten emporschwingt, wem, meinen wir, könnte dieser Aufschwung zu den Göttern gewesen sein als dem Scipio? Wollte man sich also über dieses sein Ende härmen, so dürfte dieß eher Neid als Freundschaft verrathen. Ist hingegen die andere Ansicht richtiger, daß die Vernichtung der Seele und des Körpers zugleich erfolge, und kein Bewußtsein übrig bleibe; so liegt zwar nichts Gutes in dem Tode, aber jedenfalls auch kein Uebel. Denn nach dem Verluste des Bewußtseins ist es ebenso gut, als ob Scipio gar nicht geboren worden wäre; doch daß er geboren ward, darüber freuen nicht nur wir uns, sondern auch unser Staat wird, so lange er besteht, deßhalb frohlocken.

Darum steht es um *ihn*, wie ich oben[60] sagte, herrlich, minder vortheilhaft um mich. Denn sowie ich später in's Leben eintrat, so hätte ich billiger Weise auch eher aus demselben scheiden müssen. Indeß gewährt mir das Andenken an unsere Freundschaft hohen Genuß, indem ich mein Leben glücklich schätze, weil ich mit Scipio lebte, mit dem ich die Sorge um öffentliche und häusliche Angelegenheiten theilte, mit dem ich ein gemeinsames Leben zu Hause und im Felde und, worin das wahre Wesen der Freundschaft liegt, die vollkommenste Uebereinstimmung der Vorsätze, Bestrebungen und Grundsätze hatte. Daher macht mir nicht sowol jener Ruf von Weisheit, dessen so eben[61] Fannius gedachte, zumal da er ungegründet ist, Freude, als vielmehr die Hoffnung, daß das Andenken an unsere Freundschaft ewig dauern werde. Und dieser Gedanke ist mir um so mehr eine Herzenssache, weil im Laufe aller Jahrhunderte kaum drei oder höchstens vier Paare ächter Freunde genannt werden, und ich wol hoffen darf, daß als eine Freundschaft dieser

---

60 .

61 .

Art die des Lälius und Scipio zur Kenntniß der Nachwelt gelangen werde.

Fannius.

Das, mein Lälius, ist unausbleiblich. Doch da du einmal der Freundschaft gedacht hast, und wir Muße haben, so würdest du mir – ich hoffe, auch dem Scävola – einen großen Gefallen erweisen, wenn du uns, wie du bei anderen Fragen, die man dir vorlegt, zu thun pflegst, so auch deine Ansicht über die Freundschaft ihr Wesen auseinandersetztest und Vorschriften über sie gäbest.

Scävola.

In der That auch mir, und als ich eben diese Bitte an dich richten wollte, kam mir Fannius zuvor. Deßhalb wirst du uns beiden einen sehr großen Gefallen erweisen.

Lälius.

Ich würde wahrlich keine Umstände machen, wenn ich Selbstvertrauen genug besäße; denn einerseits ist der Gegenstand an sich vortrefflich, andererseits haben wir, wie Fannius bemerkte, Muße. Doch wer bin ich, und welche Geschicklichkeit besitze ich? Das ist die Gewohnheit der Philosophen von Fach, namentlich der Griechischen[62] , daß man ihnen eine Frage vorlegt, über die sie selbst ohne alle Vorbereitung einen gelehrten Vortrag halten. Es ist ein schwieriges Geschäft und erfordert keine geringe Uebung. Darum rathe ich euch die wissenschaftliche Erörterung, die sich über die Freundschaft vortragen läßt, lieber bei Fachgelehrten zu suchen; ich kann euch nur auffordern der Freundschaft vor allen irdischen Gütern den Vorzug zu geben. Denn Nichts ist so naturgemäß, so unseren Verhältnissen im Glücke und im Unglücke angemessen.

Aber zunächst bin ich der Ansicht, daß nur unter Guten Freundschaft bestehen könne; doch nehme ich es damit nicht in so strengem Sinne, wie die Philosophen, die dergleichen Fragen mit größe-

---

[62] Diese Gewohnheit soll zuerst der berühmte Sophist Gorgias aus Leontini in Athen aufgebracht haben. S. Cicer. ; -136; Fin. II, 1, 1. Nach den Sophisten bedienten sich die Peripatetiker und die Neuakademiker dieses Verfahrens. Vgl. Cicer. Fin. II, 1, 2.

rer Schärfe der Dialektik behandeln[63] , vielleicht richtig, aber zu wenig mit Rücksicht auf das Bedürfniß des gewöhnlichen Lebens. Sie behaupten nämlich, kein Mensch sei gut außer dem Weisen. Dem sei immerhin so; aber das, was sie unter Weisheit verstehen, hat bis jetzt noch kein Sterblicher zu erreichen gewußt. Wir hingegen müssen uns an das halten, was in der Erfahrung und im gewöhnlichen Leben ist, und nicht an Gedankenbilder oder fromme Wünsche. Nie werde ich behaupten, Gajus Fabricius[64] , Manius Curius und Tiberius Corucanius[65] , die unsere Altvordern für weise Männer erklärten, seien nach dem Maßstabe dieser Philosophen Weise gewesen. Darum mögen sie diesen mißfälligen[66] und unverständlichen Namen der Weisheit für sich behalten, wohl aber gestatten, daß die Genannten gute Männer waren. Aber sie werden auch dieses nicht thun, sie werden behaupten, das könne nur dem Weisen zugestanden werden.

Laßt uns also mit schlichtem Hausverstande[67] verfahren. Die Männer, die in ihrem Benehmen im ganzen Leben Treue, Rechtschaffenheit, Billigkeit und Edelmuth bewähren und frei von aller Leidenschaft, Zügellosigkeit oder Frechheit sind, vielmehr große Standhaftigkeit besitzen, wie die so eben Genannten, diese wollen wir des Namens guter Männer, wofür sie gehalten worden sind, für würdig halten, weil sie, so viel es menschliche Kräfte erlauben, der Natur, der besten Führerin zu einem tugendhaften Leben, folgen.

Mit *der* Bestimmung nämlich – das glaube ich deutlich einzusehen – sind wir geboren, daß zwischen uns allen eine gesellschaftliche Verbindung bestehe, und zwar eine um so innigere, je näher

---

[63] Nämlich die Stoiker.

[64] Ueber Gajus Fabricius Luscinus s. z. ; .

[65] Ueber Manius Curius Dentatus und Tiberius Coruncanius s. z. .

[66] invidiosum, d. h. Mißfallen, Unwillen erregend, wird der Name der Stoischen Weisheit genannt, insofern die Stoiker ihrem Weisen eine dem Sterblichen unerreichbare Vollkommenheit zuschreiben.

[67] Lat.: agamas igitur pingui, ut ajunt, Minerva, wörtlich: »laßt uns also mit fetter Minerva, wie man sagt, verfahren. Minerva bedeutet in dieser Redensart so viel als Geist;pinguis oder crassa Minerva,fette oder dicke Minerva, ist also etwa das, was wir gewöhnlichen oder schlichten Hausverstand nennen

uns Jemand angeht[68] . Darum sind uns unsere Mitbürger wichtiger als Ausländer, Verwandte wichtiger als Fremde; denn mit jenen hat die selbst Freundschaft gestiftet, aber sie hat nicht genug Festigkeit. Darin nämlich hat die Freundschaft einen Vorzug vor der Verwandtschaft, daß das Wohlwollen aus der Verwandtschaft hinweggenommen werden kann, aus der Freundschaft aber nicht. Denn durch Wegnahme des Wohlwollens wird auch der Name der Freundschaft hinweggenommen, der der Verwandtschaft aber bleibt.

Wie groß aber die Bedeutung der Freundschaft sei, läßt sich besonders daraus erkennen, daß aus der unbegränzten gesellschaftlichen Verbindung des Menschengeschlechts, die schon die Natur gestiftet hat, dieses Verhältniß sich so eng zusammenzieht und beschränkt, daß sich das ganze Band der Liebe nur um zwei oder wenige Personen schlingt.

Die Freundschaft ist nämlich nichts Anderes als die vollkommenste Uebereinstimmung in allen göttlichen und menschlichen Dingen, verbunden mit Wohlwollen und Liebe, und es dürfte vielleicht mit Ausnahme der Weisheit dem Menschen nichts Besseres von den unsterblichen Göttern gegeben sein als sie. Einige ziehen Reichthümer vor, Andere Gesundheit, Andere Macht, Andere Ehrenämter, Viele sogar Sinnenlust. Dieses Letztere freilich kommt nur unvernünftigen Thieren zu; jene ersteren Güter aber sind hinfällig und unzuverlässig und beruhen nicht sowol auf unseren Entschließungen als auf der Laune des Glückes. Wer aber das höchste Gut in die Tugend setzt[69] , hat allerdings eine erhabene Ansicht;

---

[68] In dem ersten Buche über die Pflichten (und 17) gibt Cicero die verschiedenen Stufen der menschlichen Gesellschaft an, nämlich: a) Landsmannschaft, Vaterland. b) Bürgerschaft; c) Verwandtschaft. Am Schluß sagt er (): Doch unter den geselligen Verbindungen ist keine vorzüglicher, keine fester, als wenn brave, an Charakter ähnliche Männer durch vertrauten Umgang mit einander verbunden sind.

[69] Lälius hat vorzugsweise die Stoiker im Sinne, nicht die Akademiker und Peripatetiker, die zwar auch die Tugend für das höchste Gut erklärten, aber neben derselben auch noch äußere Güter annahmen, während die Stoiker die Tugend nicht allein für das höchste, sondern für das einzige Gut erklärten. Ans dem Folgenden (§. 21) geht aber deutlich hervor, daß Lälius der Ansicht der Akademiker und Peripatetiker huldigt und die der Stoiker aufgibt.

allein eben diese Tugend ist es, welche die Freundschaft erzeugt und erhält, und ohne Tugend kann die Freundschaft auf keine Weise bestehen.

Nun wollen wir den Begriff der Tugend nach dem Herkommen unseres Lebens und unserem Sprachgebrauche nehmen, ohne an denselben in der Weise gewisser Philosophen[70] den Maßstab Redensarten zu legen, und wollen daher als gute Männer die gelten lassen, die man dafür hält, einen Paullus[71], Cato[72], Gallus[73], Scipio[74], Philus[75]. Mit solchen Männern begnügt sich das gewöhnliche Leben; andere hingegen, die sich überhaupt nirgends ausfindig machen lassen, wollen wir übergehen.

Unter solchen Männern also gewährt die Freundschaft so viel Vortheile, als ich kaum auszusprechen vermag. Zuvörderst, wie kann das Leben lebenswerth[76] sein, um mit Ennius zu reden, das nicht im gegenseitigen Wohlwollen des Freundes Ruhe und Erquickung findet? Was ist süßer als einen Freund zu haben, mit dem man Alles so reden darf wie mit sich selbst? Welcher Genuß würde in glücklichen Tagen so groß sein, wenn wir nicht einen Freund hätten, der sich ebenso darüber freute als wir selbst[77]? Mißgeschick aber zu ertragen würde schwer halten ohne einen Freund, der es noch tiefer empfände als wir. Endlich sind die übrigen Güter, welche Gegenstände unseres Strebens sind, fast nur einzelnen Zwecken dienlich: Reichthum zur Benutzung; Macht, um Achtung zu erlangen; Ehrenämter, um zur Anerkennung zu gelangen; sinnliche Genüsse, um sich zu vergnügen; Gesundheit, um sich frei von Schmerz zu fühlen und die körperlichen Verrichtungen zu besorgen. Die Freundschaft hingegen verbreitet sich über die meisten Lebensverhältnisse. Wohin man sich nur wenden mag, da steht sie

---

[70] Der Stoiker. S. zu .

[71] Ueber Lucius Aemilius Paullus Macedonicus s. zu .

[72] Ueber den älteren Marcus Porcius Cato Censorius s. die .

[73] Ueber Gajus Sulpicius Gallus s. zu

[74] Ueber den jüngeren Scipio Africanus s. zu .

[75] Ueber Lucius Furius Philus s. zu .

[76] Nach dem Griechischen: βίος βιωτός. Ueber Ennius s. zu .

[77] Aristotel. Ethic. 9, 2: η εν ταῖς ευτυχίαις τῶν φίλων παρουσία τήν τε διαγωγὴν ηδεῖαν ἔχει καὶ τὴν ἔννοιαν, ὅτι ἥδονται ἐπὶ τοῖς αυτοῦ αγαθοῖς.

zu Diensten, von keinem Orte ist sie ausgeschlossen, niemals ist sie ungelegen, niemals lästig. Daher haben wir nicht das Wasser, nicht das Feuer, wie man sagt, in mehr Fällen nöthig als die Freundschaft. Doch ich rede jetzt nicht von Freundschaft der großen Menge oder der des Mittelschlages, die gleichwol auch Freude und Vortheile gewährt, sondern von der ächten und vollkommenen, wie sie nur bei Wenigen war, die einen geschichtlichen Namen haben. Denn eine solche Freundschaft läßt einerseits unser Glück in schönerem Lichte erscheinen, andererseits erleichtert sie das widrige Geschick durch Theilnahme und Mitgefühl.

Sehr viele und sehr große Vortheile umfaßt die Freundschaft in sich; der vorzüglichste aber besteht unstreitig darin, daß sie uns für die Zukunft vorleuchtend freudige Hoffnung gewährt und den Muth nicht erschlaffen oder sinken läßt. Wer nämlich auf einen ächten Freund hinschaut, schaut gleichsam auf das Abbild seines eigenen Ichs[78] . Darum sind Abwesende anwesend, Dürftige reich, Schwache stark und, was noch auffälliger klingt, Todte lebendig. So groß ist die Ehre, das Andenken und die Sehnsucht der Freunde, die sie begleitet. Aus diesem Grunde erscheint mir der Tod der Einen glückselig, das Leben der Anderen preiswürdig.

Nimmt man aber das Band des Wohlwollens aus der Welt heraus, so wird weder ein Haus noch eine Stadt bestehen können, nicht einmal der Ackerbau wird fortdauern. Begreift man dieß nicht hinreichend, so läßt sich aus den verschiedenen Arten von Uneinigkeit und Zwietracht deutlich erkennen, wie groß die Macht der Freundschaft und der Eintracht ist. Denn wo ist ein Haus so dauerhaft gegründet, wo steht eine bürgerliche Gemeinde so fest, daß sie nicht durch Haß und Zerwürfniß von Grund aus zerstört werden könnte? Hieraus kann man urtheilen, wie viel Gutes in der Freundschaft liegt.

---

[78] Aristotel Magn. Moral. 2, 15: ὥσπερ, ὅταν θέλωμεν αὐτοὶ αὐτῶν τὸ πρόσωπον ἰδεῖν, εἰς τὸ κάτοπτρον ἐμβλέψαντες εἴδομεν, ὁμοίως καὶ ὅταν αὐτοὶ αὐτοὺς βουληθῶμεν γνῶναι, εἰς τὸν φίλον ἐδόντες γνωρίσαιμεν ἄν· ἔστι γὰρ, ὡς φαμεν, ὁ φίλος ἕτερος ἐγώ.

Ein gelehrter Mann aus Agrigent[79] soll in Griechischen gesungen haben: »Was in der Natur und in der ganzen Welt fest stehe, und was sich bewege, das verknüpfe die Freundschaft und trenne die Zwietracht«. Und das ist Etwas, was alle Sterblichen sowol begreifen als auch durch die That als wahr anerkennen. Zeigt sich daher einmal ein Beispiel von Diensteifer eines Freundes, indem er Gefahren übernimmt oder theilt; wer erhebt dieß nicht mit den größten Lobsprüchen? Welches Beifallsgeschrei erscholl neulich im ganzen Schauspielhause bei dem neuen Stücke meines Gastgenossen und Freundes Marcus Pacuvius[80] bei dem Auftritte, wo der König nicht wußte, welcher von Beiden Orestes sei, und Pylades sich für Orestes ausgab, um sich für ihn hinrichten zu lassen; Orestes aber, wie er es auch wirklich war, bei der Versicherung verharrte, er sei Orestes! Man erhob sich und klatschte Beifall, obwol es nur eine Dichtung war; was, meinen wir, würde man wol bei einem Falle aus der Wirklichkeit gethan haben? Unwillkürlich äußerte hier das natürliche Gefühl seine Stärke, indem die Leute eine That, die sie selbst zu vollbringen sich zu schwach fühlten, doch an einem Anderen schön fanden.

So weit glaubte ich meine Absichten über die Freundschaft aussprechen zu können; gibt es sonst noch einige Punkte, – und ich glaube, es gibt deren noch viele, – so sucht, wenn's beliebt, bei den Leuten Belehrung, die solche Gegenstände berufsmäßig zum Gegenstande ihrer gelehrten Untersuchungen machen.

---

[79] Empedokles aus Agrigent in Sicilien (um 450 v. Chr.), ein Philosoph der Jonischen Schule, hatte ein Gedicht peri júsewV, über die Natur, in drei Büchern geschrieben, dessen Bruchstücke von Fr. Wilh. Sturz in: Empedocles Agrigentinus, Lips. 1810, gesammelt sind. Er läßt die vier Grundstoffe durch zwei bewegende Kräfte, die einigende φιλότης (Freundschaft) und das trennende νεῖκος (Streit) gemischt und gestaltet werden. S. Schwegler, Geschichte der Philos. S. 16 f. und besonders Krische, Forschungen auf dem Gebiete der alten Philosophie I. Band, S. 125 ff.

[80] Pacuvius aus Brundusium, Schwestersohn des Ennius, geb. 220 v. Chr., hat Griechische Tragödien frei in's Lateinische übersetzt oder auch umgearbeitet. Die Tragödie, die hier gemeint wird, ist der Orestes (vgl. StieglitzDe Pacuvii vita et Duloreste. Lips. 1820) Der König, vor dem des Orestes und Pylades Streit geführt wurde, war Thoas, König von Taurien. Auch Cicer. de Fin. V. 22, 63 wird dieser Auftritt angeführt.

Fannius.

Wir möchten es aber lieber von *dir* hören, wiewol ich oft auch bei jenen Belehrung gesucht und ihre Ansichten gehört und zwar nicht ungern; aber deine Behandlungsart ist eine ganz andere.

Scävola.

Mit noch vollerem Rechte würdest du dieses sagen, wenn du neulich in den Gärten des Scipio zugegen gewesen wärest[81] , als über den Staat gesprochen wurde. Wie trat er damals als Vertheidiger der Gerechtigkeit gegen den gründlichen Vortrag des Philus auf!

Fannius.

Für einen so gerechten Mann war es freilich eine leichte Aufgabe die Gerechtigkeit zu vertheidigen.

Scävola.

Wie? Die Freundschaft zu vertheidigen, ist das nicht leicht für einen Mann, der wegen der ausgezeichneten Treue, Standhaftigkeit und Gerechtigkeit, mit der er dieselbe bewahrte, den größten Ruhm geärntet hat?

Lälius.

Das heißt ja Einem Gewalt anthun. Was verschlägt es denn, wie ihr mich zwingt? zwingen thut ihr mich gewiß. Denn den Wünschen seiner Schwiegersöhne, zumal in einer guten Sache, entgegenzutreten ist schwer und nicht einmal billig.

Je öfter ich nun über die Freundschaft nachdenke, desto mehr scheint mir die Frage der Betrachtung werth, ob das Gefühl der und Hülfsbedürftigkeit[82] das Verlangen nach Freundschaft erweckt

---

[81] In dem dritten Buche der Ciceronianischen Schrift vom Staate spricht (bei Augustin. Civ. Dei II, 21) Philus für die Ungerechtigkeit gegen die Gerechtigkeit, wogegen Lälius die Gerechtigkeit in Schutz nimmt und zeigt, daß dem Staate Nichts feindlicher sei als die Ungerechtigkeit, und daß überhaupt der Staat nur bestehen könne, wenn er mit großer Gerechtigkeit verwaltet werde. Nach de Rep. I, 12 hatte übrigens Fannius wirklich dem Gespräche beigewohnt. Dieser Gedächtnißfehler, wenn es einer ist, findet, wie M. Seyffert richtig bemerkt, in der poetischen Licenz des Schriftstellers seine Entschuldigung und in der Wirkung, die derselbe hier hervorbringt, seine vollkommene Rechtfertigung.

[82] Dieß war z. B. die Ansicht der Epikureer. S. Cicer. Fin. I, 20, 66 ff.

habe, um durch gegenseitige Dienstleistungen das von einem Anderen zu erhalten, was man für seine Person allein nicht vermag, und es hinwiederum durch einen Gegendienst zu vergelten; oder ob vielmehr dieß zwar ein wesentliches Merkmal der Freundschaft sei, aber ein anderer Grund vorhanden sei, der älter und schöner ist und mehr in der unmittelbaren Natur seine Quelle hat[83] .

Die Liebe nämlich, woher das Wort Freundesliebe kommt, das bei uns so viel als Freundschaft bedeutet[84] , ist die erste Veranlassung zur Begründung gegenseitigen Wohlwollens. Denn äußere Vortheile genießt man auch oft von Solchen, welche man unter dem Scheine der Freundschaft besonderer Umstände wegen ehrt und achtet; in der Freundschaft hingegen gibt es keine Lüge, keine Verstellung, sondern Alles, was in ihr ist, ist Wahrheit und freier Wille. Darum scheint mir der Ursprung der Freundschaft in einem Naturtriebe vielmehr zu liegen als in dem Bedürfnisse und mehr in der mit einem gewissen Gefühle der Liebe verbundenen Anschmiegung des Gemüthes als in der Erwägung, wie viel Vortheil sie bringen werde.

Was es mit diesem Triebe für eine Bewandtniß habe, kann man auch an einigen Thieren[85] bemerken, die ihre Jungen bis zu einem gewissen Zeitpunkte so lieben und so von ihnen wiedergeliebt werden, daß ihr Gefühl leicht in die Augen fällt. Und dieß tritt bei dem Menschen noch weit sichtbarer hervor: erstens in der zärtlichen zwischen Kindern und Aeltern[86] , deren Band nur durch einen verabscheuungswürdigen Frevel zerrissen werden kann; sodann in dem Erwachen eines ähnlichen Gefühles von Liebe, sobald wir einen Menschen gefunden haben, mit dessen Charakter und Wesen wir übereinstimmen, insofern wir in ihm gleichsam ein leuchtendes

---

[83] Dieselbe Ansicht s. bei Cicer. Fin. II. 24, 78 f.

[84] Die Stelle, welche bei Cicero so lautet: Amor enim, ex quo amicitia nominata est, mußte etwas freier übersetzt werden, da unser Wort Freundschaft nicht von dem Worte Liebe herkommt. Vgl. unten ; Cicer. Fin. II, 24, 78; N. D. I, 44, 122.

[85] Aristotel. Ethic. 8, 1: Φύσει ενυπάρχειν έοικε (sc. η φιλία) προς το γεγεννημένον τῶ γεννήσαντι και προς το γεννῆσαν τῶ γεννηθέντι ου μόνον εν ανθρώποις, αλλά και εν όρνεσι και τοῖς πλείστοις τῶν ζώων και τοῖς ομοεθνέσι προς άλληλα και μάλιστα τοῖς ανθρώποις, όθεν τοὺς φιλανθρώπους επαινοῦμεν. Vgl. Cicer. .

[86] Aristotel. a. a. O.: Οι γονεῖς μὲν γὰρ στέργουσι τὰ τέκνα ως εαυτῶν τι όντα, τὰ δὲ τέκνα τοὺς γονεῖς ως απ' εκείνων τι όντα.

Vorbild der Rechtschaffenheit und Tugend zu erblicken glauben. Denn es gibt nichts Liebenswürdigeres als die Tugend, Nichts, was mehr zur Hochachtung anlockt, da wir ja um der Tugend und Rechtschaffenheit willen sogar Menschen, die wir nie sahen, auf irgend eine Weise unsere Hochachtung schenken.

Wer konnte zum Beispiel des Gajus Fabricius, des Manius Curius[87] ohne das Gefühl wohlwollender Achtung gedenken, obwol er sie nie sah? Wer hingegen sollte den Tarquinius Superbus, wer den Spurius Cassius[88] , den Spurius Mälius[89] nicht hassen? Mit zwei Heerführern wurde in Italien um die Oberherrschaft gestritten, mit Pyrrhus und Hannibal. Dem Ersteren sind unsere Herzen wegen seines Biedersinnes nicht eben abhold; den Letzteren wird wegen seiner Grausamkeit unser Staat ewig hassen[90] .

Wenn nun die Wirkung der Rechtschaffenheit so groß ist, daß wir sie sogar an Personen, die wir nie sahen, oder, was mehr sagen will, selbst am Feinde hochschätzen; was Wunder, wenn auf die Gemüther der Menschen die deutliche Wahrnehmung der Tugend und Herzensgüte Anderer, mit denen sie durch Umgang verbunden sein können, einen Eindruck macht. Freilich wird das Gefühl der Liebe durch Wohlthaten, die man empfängt, durch die persönliche Zuneigung, die man wahrnimmt, und durch die Gewohnheit des Umganges, der hinzukommt, befestigt, und wenn sich diese Umstände zu jener ersten Regung des Gemüths und der Liebe gesellen, so erglüht das Wohlwollen zu einer bewunderungswürdigen Stärke. Wenn aber Einige der Ansicht sind, dieß gehe von dem Gefühle der Schwäche aus, um in dem Freunde ein Mittel zur Befriedigung

---

[87] Ueber Gajus Fabricius Luscinus und Manius Curius Dentatus s zu .

[88] Spurius Cassius Viscellinus, ein Patricier, im J. 486 v. Chr. mit Proculus Virginius Consul, machte in ebendemselben Jahre zu Gunsten der Plebejer den ersten Gesetzvorschlag über Aeckervertheilung, aber wegen des Verdachtes, daß er nach dem Königthume strebe, wurde er, sobald er das Consulat niedergelegt hatte, zum Tode verurtheilt und hingerichtet. S. Livius 2, 41.

[89] Ueber Spurius Mälius s. zu .

[90] Das hier ausgesprochene Urtheil über Pyrrhus bezieht sich vorzüglich auf die milde Behandlung, die er Römischen Gefangenen angedeihen ließ. Vgl. Cicer. . Cicero's Urtheil über Hannibal (vgl. auch Off. l. d. und) stimmt mit dem des Livius 21, 4 überein; offenbar aber hat auf dasselbe der Römische Nationalhaß eingewirkt, wie M. Seyffert und G. Lahmeyer richtig bemerken.

seiner Bedürfnisse zu erhalten; so lassen sie der Freundschaft wahrlich einen niedrigen und, ich möchte sagen, durchaus nicht adligen[91] Ursprung, indem sie dieselbe aus dem Mangel und der Hülfsbedürftigkeit erzeugt wissen wollen. Wäre dem so, so würde Jeder, je weniger Kraft er in sich selbst zu finden meint, um so empfänglicher für die Freundschaft sein. Das verhält sich aber ganz anders. Denn je mehr Einer Selbstvertrauen besitzt, und je mehr er mit Tugend und Weisheit gewaffnet ist und deßhalb keines Anderen bedarf, sondern alles Seinige in sich selbst zu haben glaubt, desto mehr zeichnet er sich durch das Verlangen nach Freundschaft und durch Erfüllung ihrer Pflichten aus[92] . Denn was meint ihr? War Africanus meiner bedürftig? Wahrlich nicht! und auch ich seiner nicht; aber ich gewann ihn wegen einer gewissen Bewunderung seiner Tugend lieb; er mich hinwiederum vielleicht wegen einer nicht ganz ungünstigen Meinung, die er von meinem Charakter hegte, und das Wohlwollen erhöhte der Umgang. Allein obwol viele und große Vortheile die unmittelbare Folge davon waren, so gingen doch die Beweggründe unserer Liebe nicht von der Aussicht auf dieselben aus. Wie wir nämlich wohlthätig und freigebig sind, nicht um Dank dafür – wir treiben ja mit unseren Wohlthaten keinen Wucher, – sondern weil wir von Natur zur Freigebigkeit geneigt sind; ebenso halten wir auch die Freundschaft nicht in der Aussicht auf Belohnung für wünschenswerth, sondern weil ihr ganzer Genuß in der Liebe selbst liegt.

Aber diejenigen, welche nach Art der Thiere Alles auf die Sinnenlust beziehen[93] , sind ganz anderer Ansicht, und es ist kein Wunder. Denn zu nichts Hohem, zu nichts Großartigem und Göttlichem können die ihren Blick erheben, die alle ihre Gedanken auf einen so niedrigen und so verächtlichen Gegenstand werfen. Darum wollen wir diese von unsrem Gespräche ausschließen; wir selbst aber wollen es uns zum Bewußtsein bringen, daß die Natur das Gefühl der Liebe und das innige Wohlwollen hervorbringe, sobald

---

[91] minime generosum, ut ita dicam, ortum. Generosus, γεννᾶιος, bedeutet eigentlich adlig von Geburt.

[92] Denselben Gedanken wiederholt Cicero unten . Ausführlich wird die Frage: ει ο ευδαίμων δεήσεται φίλων ἤ μή, von Aristoteles in Ethic. Nicomach. IX, 9 behandelt.

[93] Wie die Epikureer.

sich ein Zeichen von Rechtschaffenheit kund gibt. Denn wer auf diese sein Verlangen richtet, schmiegt sich an sie und drängt sich näher an sie an, um von dem Umgange dessen, den er lieb gewonnen hat, und von dessen persönlichem Wesen Genuß zu haben. Und sie sind in der Liebe gleich stark und besitzen die nämlichen Eigenschaften und sind geneigter Wohlthaten zu erweisen als zurückzufordern, und dieß wird zwischen ihnen Gegenstand eines edlen Wettstreites[94] .

So wird man einerseits die größten Vortheile aus der Freundschaft gewinnen, andererseits wird ihr Ursprung aus der Natur würdiger und wahrer sein, als der aus dem Gefühle der Schwäche. Denn wenn der Vortheil das Band der Freundschaft knüpfte, so würde eine Veränderung in ihm dasselbe auch wieder auflösen[95] . Weil nun aber die Natur unwandelbar ist, darum sind auch wahre Freundschaften ewig.

Ursprung der Freundschaft seht ihr nun; es müßte denn sein, daß ihr etwas dagegen einwenden wolltet.

Fannius.

O nein. Fahre nur fort, mein Lälius; denn für diesen, der jünger ist, antworte ich nach dem mir zukommenden Rechte.

Scävola.

Du hast recht. So laßt uns denn weiter hören.

---

[94] Aristotel.Ethic. Nicom. VIII. 6, 7: εισὶ δὲ οὖν αι ειρημέναι φιλίαι εν ισότητι κτλ.

[95] Aristotel.l. d. VIII, 3, 3: ευδιάλυτοι δὴ αι τοιαῦταί εισι (φιλίαι) μὴ διαμενόντων αυτῶν ομοίων· εὰν γὰρ μηκέτι ηδεῖς ἡ χρήσιμοι ὦσι, παύονται φιλοῦντες· τὸ δὲ χρήσιμον ου διαμένει, αλλ' αλλοτε γίγνεται αλλο· απολυθέντος οὖν δι' ὁ φίλοι ἦσαν, διαλύεται καὶ η φιλία, ως ούσης τῆς φιλίας πρὸσ εκεῖνα. Vgl. Cicer. Fin. II, 24, 78.

Lälius.

So hört denn, meine edlen Freunde, was so oft zwischen mir und Scipio über die Freundschaft gesprochen wurde.

»Allerdings behauptete er, Nichts sei schwieriger, als daß die Freundschaft bis zum letzten Tage des Lebens fortbestehe. Denn oft trete der Fall ein, daß entweder Beide in einer Sache nicht zugleich ihren Vortheil fänden, oder daß sie hinsichtlich des Staates nicht gleiche Ansichten hätten; auch, sagte er, ändere sich oft der Charakter der Menschen, bald durch widrige Ereignisse, bald in Folge des vorrückenden Alters[96]. Den Beweis dafür nahm er von dem ähnlichen Falle, der sich beim Beginne der Jugend zeige, daß nämlich oft die innigste Liebe der Knaben zugleich mit dem Kinderkleide[97] abgelegt werde. Hätten sie aber dieselbe bis zum Jünglingsalter fortgesetzt, so werde sie doch bisweilen durch Streit, bald wegen eines Heirathsantrages, bald überhaupt wegen irgend eines Vortheiles, den Beide nicht zugleich erlangen könnten, getrennt. Wenn aber auch Manche ihre Freundschaft noch länger fortgesetzt hätten, so werde sie doch oft erschüttert, wenn sie wegen eines Ehrenamtes in Wettstreit geriethen. Denn es gebe kein größeres Verderben für die Freundschaft, als bei der Mehrzahl die Geldgier, bei den Edelsten aber der um Ehre und Ruhm. Und dieß sei oft unter den besten Freunden die Quelle der bittersten Feindschaften.«

»Auch erzeugten sich große und meistentheils gerechte Zerwürfnisse, wenn man Freunden Etwas zumuthe, was nicht recht sei, zum Beispiel daß sie entweder Diener der Sinnlichkeit oder Gehülfen einer Ungerechtigkeit sein sollen. Denn die, welche dieß verweigerten, so edel sie auch hierin handelten, würden doch von denen, welchen sie nicht willfahren wollten, beschuldigt das Recht der Freundschaft zu verletzen, während die, welche alle möglichen Zumuthungen dem Freunde zu machen sich erdreisteten, schon durch ihre Zumuthung zu erkennen gäben, daß sie um des Freun-

---

[96] indem die Menschen im Alter oft mürrisch und verdrießlich werden.

[97] praetexta toga, d. h. ein mit Purpur verbrämtes Oberkleid, das die Römischen Knaben bis in's siebzehnte Jahr trugen, dann mit der toga virilis, der männlichen Toga, vertauschten. Uebrigens trugen die toga praetexta nicht bloß Knaben, sondern auch die höheren Magistrate, wie die Pontifices, Auguren. S. Adam, Röm. Alterth. Bd. II. S. 168 f.

des willen Alles thun würden. Solche Beschwerden seien gewöhnlich der Grund, daß nicht nur fest gewurzelte Freundschaften erlö-
schen, sondern auch der Same zu ewigem Hasse gestreut werde.«

»Diese so viele Gefahren schwebten wie Verhängnisse über den
Freundschaften. Um daher allen diesen zu entgehen, dazu scheine
ihm nicht nur Weisheit, sondern auch Glück erforderlich zu sein.«

Darum laßt uns, wenn's beliebt, zunächst sehen, wie weit die
Liebe in der Freundschaft gehen darf. Wenn Coriolanus[98] Freunde
hatte, durften diese mit Coriolanus die Waffen gegen das Vaterland
tragen? Durften den Viscellinus, als er nach dem Königthume streb-
te, oder den Spurius Mälius[99] seine Freunde unterstützen? Von
Tiberius Gracchus[100] wenigstens sehen wir, wie ihn, als er Staat
beunruhigte, Quintus Tubero[101] und seine gleichalterigen Freunde
gänzlich verließen. Aber als Gajus Blossius[102] aus Cumä, der Gast-

---

[98] Gajus Marcius, der im J. 493 v. Chr. von der Eroberung der Volscischen Stadt
Corioli den Beinamen Coriolanus erhielt, wurde im J. 492 wegen seines im
Senate gegebenen Rathes, daß man das bei einer großen Theuerung aus Sicilien
herbeigeholte Getreide nicht eher unter das Volk vertheilen solle, als bis es die
unlängst erkämpfte Tribunenwürde wieder aufgehoben hätte, von den
Volkstribunen des Hochverrathes angeklagt und verbannt. Er begab sich zu den
Volskern, und, von diesen zum Heerführer erwählt, bekriegte er mit ihnen sein
Vaterland. Nach der Zerstörung aller Städte um Rom rückte er im J. 489 vor
seine Vaterstadt. Nach Zurückweisung zweier Römischen Gesandtschaften gab
er endlich den Vorstellungen seiner Mutter nach und zog wieder ab. S. Livius
2, 34–40. Ueber seinen Tod (vgl.) weichen die Berichte von einander ab. S. Livius
2, 40.

[99] Ueber Viscellinus und Mälius s. zu .

[100] Tiberius Sempronius Gracchus, der berühmte Volkstribun, wurde im J. 133
v. Chr. bei einem wegen Ackergesetze erregten Aufstande der Aristokraten, bei
dem besonders Publius Scipio Nasica, als Führer der Aristokraten, thätig
gewesen war, mit dreihundert seiner Anhänger erschlagen. Das Urtheil Cicero's
über Tiberius und dessen Bruder Gajus Gracchus ist offenbar ungerecht und nur
einseitig von dem Standpunkte der Aristokratie aus gefällt.

[101] Quintus Aelius Tubero, Enkel des Aemilius Paullus Mcacedonicus,
Schwestersohn des jüngeren Scipio Africanus, leistete im J. 133 als Volkstribun
den Anschlägen des Tiberius Gracchus kräftigen Widerstand. Vergl. Cicer. Brut.
31, 117.

[102] Gajus Blossius aus Cumä, einer Stadt Campaniens, ein Freund des Tiberius
Gracchus, blieb diesem auch nach dessen Tode treu, als im J. 132 v. Chr. vom
Senate den Consuln Publius Popilius Länas und Publius Rupilius die

freund eueres Hauses, Scävola, zu mir in's Haus kam, weil ich gewöhnlich mit den Consuln Länas und Rupilius zu Rathe saß, um sich zu entschuldigen; so führte er als Grund ihm zu verzeihen an, er habe gegen Tiberius Gracchus eine so hohe Achtung gehabt, daß er es für seine Pflicht gehalten habe jeden Wunsch desselben zu. erfüllen. Da entgegnete ich: »Auch, wenn er verlangt hätte, du solltest das Capitolium in Brand stecken?« »Nie,« erwiderte er, »würde er so Etwas gewünscht haben; allein hätte er es gewünscht, so würde ich gehorcht haben«. Ihr seht, welch ein verruchtes Wort dieß war. Und wahrlich, er that auch so, ja noch mehr, als er sagte. Denn er gehorchte nicht nur dem verwegenen Sinne des Tiberius Gracchus, nein, er leitete ihn und bot sich nicht zum Genossen seines tollen Wesens, sondern zum Führer an. In diesem Wahnsinne floh er daher, durch eine neue Untersuchung geschreckt, nach Asien, begab sich zu den Feinden und büßte für sein Vergehen am Staate mit schwerer, aber gerechter Strafe.

Richtig ist also die Entschuldigung eines Vergehens, wenn man sich dem Freunde zu Gefallen vergangen hat. Denn da die der Tugend Stifterin der Freundschaft ist, so kann schwerlich die Freundschaft fortbestehen, wenn man der Tugend abtrünnig wird.

Erklären wir es nun für recht den Freunden einerseits alle ihre Wünsche zu gewähren, andererseits die Gewährung aller unserer Wünsche zu erlangen, so würde die Sache, wenn wir eine vollkommene Weisheit besäßen, nichts Fehlerhaftes haben. Allein wir reden von solchen Freunden, wie wir sie vor unseren Augen haben, die wir gesehen haben, oder von denen uns die Geschichte erzählt, das heißt Freunde, wie sie das gewöhnliche Leben kennt. Aus der Zahl dieser Männer müssen wir die Beispiele nehmen, und zwar hauptsächlich von denjenigen, welche sich der vollkommenen Weisheit am Meisten nähern.

Untersuchung gegen die Theilnehmer an des Tiberius Gracchus Umtrieben aufgetragen wurde. Dem Ausgange dieser Untersuchung entzog er sich durch die Flucht nach Asien zum Aristonicus, der sich des von dem Pergamenischen Könige Attalus III. den Römern vermachten Reiches bemächtigt hatte. Als dieser im J. 130 den Römern besiegt war, nahm er sich das Leben.

Wir wissen zum Beispiel, daß Papus Aemilius ein Busenfreund des Gajus Luscinus[103] war, – so haben wir es von unseren Vätern überkommen, – daß beide zweimal zusammen Consuln und Amtsgenossen in der Censur waren. Sodann berichtet uns die Geschichte, daß Manius Curius und Tiberius Coruncanius[104] sowol mit diesen als unter sich in der engsten Verbindung lebten. Von keinem dieser Männer können wir also auch nur argwöhnen, daß er in seinen Freund mit einer Forderung gedrungen sei, die gegen die Pflicht, gegen den Eidschwur oder gegen das Staatswohl gewesen wäre. Denn was bedarf es bei solchen Männern der Versicherung, daß, wenn Einer eine solche Forderung gemacht hätte, er sie nicht würde erlangt haben, da es Männer von der reinsten Gesinnung waren, und es gleich unerlaubt ist eine solche Bitte zu gewähren als sie an einen Anderen zu richten. Aber dennoch hielten es mit Tiberius Gracchus ein Gajus Carbo[105] , ein Gajus[106] und sein Bruder Gajus[107] , der letzte damals zwar nur in sehr geringem Grade, jetzt aber als der heftigste Anhänger.

Das muß also in der Freundschaft als unverbrüchliches Gesetz festgestellt werden, daß man weder um etwas Unsittliches bitte, noch, wenn man darum gebeten wird, es thue. Denn schimpflich und ganz unstatthaft ist die Entschuldigung sowol bei allen anderen Vergehen als insbesondere gegen den Staat, wenn man um des Freundes willen gehandelt zu haben erklärt. Wir sind nämlich, Fan-

---

[103] Quintus Aemilius Papus und Gajus Fabricius Luscinus (über diesen s. zu) waren im J. 281 v. Chr. und 278 Consuln, 275 Censoren.

[104] Ueber Manius Curius Dentatus und Tiberius Coruncanius s. zu .

[105] Gajus Papirius Carbo, ein ausgezeichneter Redner, aber unruhiger Kopf, der bedeutendste unter den Anhängern des Tiberius Gracchus, im J. 131 v. Chr. Volkstribun. Als Consul aber (120) trat er auf die Partei der Vornehmen; im J. 118 wurde er von dem jungen Crassus (erst 12 Jahre alt) angeklagt, doch entzog er sich der gefürchteten Strafe durch freiwilligen Tod. S. Cicer. Brut. 27, 103.

[106] Gajus Cato, ein Enkel des Marcus Cato Censorius, 126 v. Chr. Volkstribun, 114 Consul.

[107] Gajus Sempronius Gracchus, jüngerer Bruder des oben erwähnten Tiberius Gracchus, im J. 129 v. Chr. einer der Triumvirn, die die von Tiberius Gracchus vorgeschlagene Ackervertheilung ausführen sollten; im J. 123 und 122 Volkstribun; er mußte bei einem wegen Ackergesetze erregten Aufstande aus Rom fliehen und ließ sich in dem Haine der Furina von einem Sklaven tödten (121).

nius und Scävola, auf einen Standpunkt gestellt, wo es unsere Pflicht erheischt auf die künftigen Schicksale des Staates weit hinauszuschauen. Denn das Herkommen unserer Altvordern ist schon ein wenig von seiner Bahn und seinem Geleise gewichen.

Tiberius Gracchus versuchte es sich der Alleinherrschaft zu bemächtigen oder war vielmehr wirklich wenige Monate Alleinherrscher[108]. Hatte das Römische Volk etwas Aehnliches gehört oder gesehen? Was die Freunde und Verwandten, die diesem auch nach seinem Tode anhingen, gegen Publius Scipio[109] in's Werk zu setzen vermag ich nicht ohne Thränen zu sagen. Den Carbo nämlich mußten wir wegen der noch in frischem Andenken stehenden Bestrafung des Tiberius Gracchus, wie es nur immer möglich war, dulden. Was ich aber vom Tribunate des Gajus Gracchus erwarte[110], mag ich nicht weissagen.

Sodann greift ein Uebel um sich, das sich, sobald es einmal begonnen hat, nur allzu rasch zum Verderben hinneigt. Ihr seht ja, welch großes Unheil schon früher in dem Tafelgesetze[111] gestiftet

---

[108] Florus III. 14, 7: Inde quum in Capitolium profugisset (Ti. Gracchus) plebemque ad defensionem salutis suae manu caput tangens hortaretur, praebuit speciem regnum ac diadema poscentis atque ita duce Scipione Nasica concitato in arma populo quasi jure oppressus est. Vgl. PlutarchTi. Gracch. c. 19. Die dem Tiberius Gracchus gemachte Beschuldigung, daß er nach der Alleinherrschaft gestrebt habe, ist wahrscheinlich nur von den Aristokraten ersonnen worden, um ihn beim Volke verhaßt zu machen.

[109] Publius Scipio Nasica Serapio, Oberpriester, 139 v. Chr.. Consul, hatte 133 als Privatmann bei der Ermordung des Tiberius Gracchus thätigen Antheil genommen, worauf er von des Tiberius Anhängern in Anklagestand versetzt, aber vom Senate unter einem scheinbaren Vorwande nach Pergamum in Asien in die Verbannung geschickt wurde, wo er bald nach seiner Ankunft aus Kummer über seine Verbannung starb.

[110] Dieses Gespräch wurde angeblich im J. 129 v. Chr. gehalten. Damals war Gajus Gracchus noch nicht Volkstribun, sondern nur mit Carbo und Flaccus triumvir agro dividendo (Triumvir für die Ackervertheilung), hatte aber als solcher heftige Unruhen erregt In diesem Jahre wurde auch Scipio Africanus ermordet und zwar, wie man glaubte, auf Anstiften der Triumvirn. Erst im J. 123 wurde er Volkstribun. Lälius konnte also von des Gajus Gracchus Tribunate nur als von einem künftigen reden.

[111] Das Tafelgesetz (lex tabellaria) bestimmte, daß bei der Wahl obrigkeitlicher Personen die Wählenden ihre Stimme schriftlich auf einem Täfelchen abgeben sollten. Bis zum J. 140 v. Chr. nämlich wurde bei den Wahlen mündlich

worden ist, zuerst durch den Gabinischen, zwei Jahre später durch den Cassischen Gesetzvorschlag. Es dünkt mich, als sähe ich schon das Volk vom Senate getrennt, und daß nach der Willkür der Menge die wichtigsten Angelegenheiten zur Entscheidung gebracht werden[112] . Denn mehr Menschen werden lernen, wie man dergleichen Dinge anzufangen, als wie man ihnen Widerstand zu leisten habe.

Wozu sage ich dieß? Weil Niemand ohne Gehülfen Etwas der Art versucht. Man muß also den Gutgesinnten die Vorschrift geben, wenn sie ohne ihr Wissen durch irgend einen Zufall in solche hineingerathen, sich nicht für so gebunden zu halten, als dürften sie sich von ihren Freunden, die sich eines großen Verbrechens gegen den Staat schuldig machen, nicht trennen. Ueber die Böswilligen aber ist eine Strafe zu verhängen, und zwar eine nicht geringere über diejenigen, welche einem Anderen folgen, als über die, welche selbst Anführer des Frevels sind. Wer war berühmter in Griechenland als Themistokles? wer vernünftiger? Aber nachdem er als Oberbefehlshaber Griechenland im Persischen Kriege von der Knechtschaft befreit hatte und in Folge von Mißgunst in die Verbannung getrieben war, so ertrug er die Kränkung seines undankbaren Vaterlandes nicht, die er hätte ertragen sollen; er that dasselbe, was zwanzig Jahre früher bei uns Coriolanus gethan hatte. Allein es fand sich für sie kein Gehülfe gegen das Vaterland, und so nahmen sich Beide das Leben[113] .

Deßhalb darf ein solches Einverständniß der Bösgesinnten nicht mit dem Vorwande der Freundschaft bemäntelt, sondern vielmehr

---

abgestimmt. Das Tafelgesetz wurde zuerst 139 von dem Volkstribunen Aulus Gabinius angewendet; dieses Gesetz wurde 137 von dem Volkstribunen Cassius auf die Volksgerichte (mit Ausnahme des judicii perduellionis, d. h. des Gerichts über Hochverrath) ausgedehnt. Hierdurch wurde das Ansehen der Optimaten sehr geschwächt. Vgl. Cicer. Legg. 3, 15 und 16.

[112] In früheren Zeiten galt es als Regel, »daß in den Tributcomitien kein Gesetz anders als nach vorhergegangenem Senatsbeschlusse (senatus auctoritas) gefaßt oder aufgehoben werden konnte«. Peter, die Epochen der Verfassungsgeschichte der Röm. Republ. S 107 ff., von Seyffert angeführt.

[113] Ueber des Themistokles Tod sagt Thucyd. I, 138: Νοσήσας δὲ τελευτᾷ τὸν βίον· λέγουσι δέ τινες καὶ εκοίσιον φαρμάκῳ αποθανεῖν αυτόν, αδύνατον νομίσαντα εἶναι επιτελέσαι βασιλεῖ ἃ υπέσχετο. Vgl. Corn. Nep. Them. 10, 4. Ueber des Coriolanus Tod s. zu .

mit jeder Strafe geahndet werden, damit Niemand berechtigt zu sein meine einem Freunde selbst dann zu folgen, wenn er das Vaterland mit Krieg überzieht. Und dazu dürfte es vielleicht, wie die Sache sich zu entwickeln angefangen hat, einst auch wirklich kommen. Mir liegt es aber nicht minder am Herzen, wie die Lage des Staates nach meinem Tode sein wird, als wie sie jetzt ist.

Dieß muß also als das erste Gesetz in der Freundschaft festgestellt werden: Wir dürfen von Freunden nur Sittlichgutes erbitten und um der Freunde willen nur Sittlichgutes thun, auch nicht erst warten, bis man darum gebeten wird. Diensteifer soll immer vorhanden, Zögerung immer fern sein, und besonders sollen wir Muth haben freimüthig Rath zu ertheilen. Die höchste Geltung in der Freundschaft muß das Ansehen wohlmeinender Freunde haben, und sowie man dasselbe nicht nur zu offenen, sondern auch nach der Umstände zu nachdrücklichen Ermahnungen benutzen muß, so muß man auch andererseits demselben Folge leisten.

Freilich haben einige Männer, die man, wie ich höre, in Griechenland für Weise hielt, meines Bedünkens manche wunderliche Behauptungen aufgestellt, – doch es gibt Nichts, was die Griechen nicht mit ihrem spitzfindigen Scharfsinn zu erklären suchten, – theils[114] müsse man zu innige Freundschaften meiden, damit nicht Einer für Mehrere besorgt zu sein nöthig habe; Jeder habe mit seinen eigenen Angelegenheiten für sich vollauf zu thun; sich in fremde allzu sehr zu verwickeln sei lästig; am Bequemsten sei es die Zügel der Freundschaft möglichst schlaff zu halten, um sie nach Belieben anziehen oder loslassen zu können; denn ein Haupterforderniß zu einem glücklichen Leben sei Gemüthsruhe, deren sich der Geist nicht erfreuen könne, wenn er, so zu sagen, für Mehrere Geburtsschmerzen

[115] habe.

---

[114] Nach der Ansicht der Epikureer, die die Glückseligkeit in die ungestörte Gemüthsruhe setzten. Euripides läßt im Hippolytus 253–66 eine Amme dieselbe Ansicht aussprechen. Cicero hat offenbar die Stelle vor Augen gehabt.

[115] Dieses Bild hat Cicero aus der angeführten Stelle des Euripides entlehnt, wo es heißt:

τὸ δ' ὑπὲρ δισσῶν μίαν ὠδίνειν
ψυχὴν χαλεπὸν βάρος.

Andere[116] aber, sagt man, behaupten auf eine noch ungleich rohere Weise – diesen Punkt habe ich kurz zuvor[117] mit wenigen Worten berührt –: nur um des Schutzes und der Unterstützung, nicht aber des Wohlwollens und der Liebe willen seien Freundschaften begehrenswerth. Je weniger Stärke und je weniger Kräfte daher Einer besitze, desto mehr trachte er nach Freundschaften; demgemäß geschehe es, daß das schwache weibliche Geschlecht den Schutz der Freundschaft mehr suche als das männliche, Unbemittelte mehr als Bemittelte, Unglückliche mehr als Glückliche.

O, welch herrliche Weisheit! Wahrlich die Sonne scheinen die aus der Welt zu nehmen, welche die Freundschaft aus dem Leben das beste und erfreulichste Geschenk, das wir von den unsterblichen Göttern haben. Wie sieht es nun mit dieser Gemüthsruhe aus? Dem Anscheine nach hat sie etwas Schmeichelndes, in der That aber ist sie aus vielen Gründen verwerflich. Denn es ist nicht vernunftgemäß eine sittlichgute Sache oder Handlung, um nur dem Kummer auszuweichen, entweder nicht zu übernehmen oder, wenn man sie unternommen hat, wieder fallen zu lassen. Wenn wir die Sorge fliehen, so müssen wir auch die Tugend fliehen. Denn diese muß nothwendiger Weise ihre Gegensätze mit einiger Sorge von sich weisen und hassen, wie die Gutmüthigkeit die Tücke, die Mäßigkeit die Wollust, die Tapferkeit die Feigheit. Demzufolge sieht man, daß Gerechte über Ungerechtes, Tapfere über Feigheit und Enthaltsame über Ausschweifungen den tiefsten Schmerz empfinden. Folglich gehört es wesentlich zu einem wohlgeordneten Gemüthe sich über Gutes zu freuen, wie über Entgegengesetztes sich zu betrüben.

Trifft demnach Seelenschmerz den Weisen – und er trifft ihn wirklich, wenn wir nicht glauben sollen, daß das menschliche Gefühl aus seinem Gemüthe ausgerottet sei, – was haben wir für einen Grund die Freundschaft gänzlich aus dem Leben hinwegzurücken, um sich ihretwegen keinen Beschwerlichkeiten zu unterziehen? Denn was ist nach Wegnahme aller Gemüthsbewegung für ein Un-

---

•
•

[116] Er meint die Cyrenaiker, welche die Freundschaft lediglich auf das Bedürfniß und den materiellen Nutzen bezogen.
[117] und 9.

terschied, ich will nicht sagen, zwischen einem Thiere und einem Menschen, sondern zwischen einem Menschen und einem Klotze oder einem Steine oder jedem beliebigen Dinge dieser Art? Denn auf die Philosophen[118] darf man nicht hören, die behaupten, die Tugend sei etwas Hartes und, so zu sagen, Eisernes, sie ist vielmehr, wie in vielen anderen Beziehungen, so auch in der Freundschaft zart und schmiegsam, so daß man beim Glücke des Freundes sein Gemüth erweitert, wie beim Unglücke beengt fühlt. Darum hat die Angst, die man oft für einen Freund fühlen muß, nicht solches Gewicht, daß sie die Freundschaft aus dem Leben verbannen sollte, ebenso wenig, als man die Tugenden von sich weist, weil sie einige Sorgen und Beschwerden verursachen.

ferner, wie ich oben[119] bemerkte, Freundschaften geknüpft werden, wenn ein Merkzeichen der Tugend hervorleuchtet, an die sich das gleichartige Gemüth anschmiegen und anschließen kann; so muß in diesem Falle nothwendig Liebe entstehen. Denn was ist so ungereimt als an vielen eitelen Dingen sich zu freuen, wie zum Beispiel an Ehre, an Ruhm. an einem Gebäude, an Kleidung und Schmuck des Körpers; an einem tugendhaften Gemüthe hingegen, an einem solchen, welches zu lieben und wiederzulieben fähig ist, keine sonderliche Freude zu haben? Nichts ist so erfreulich als Erwiderung des Wohlwollens, als Gegenseitigkeit der Neigungen und der Gefälligkeiten.

Wie? wenn wir noch das hinzufügen, was mit Recht hinzugefügt werden kann, daß es Nichts gibt, was so an sich lockt und anzieht, als die Aehnlichkeit des Charakters zu der Freundschaft; so wird man in der That das als Wahrheit zugeben, daß Gute Gute lieben und sich mit diesen, als wären sie durch natürliche Verwandtschaft mit ihnen verknüpft, verbinden. Nichts strebt ja eifriger nach dem ihm Gleichartigen, Nichts reißt dieß gewaltsamer an sich als die Natur. Darum, Fannius und Scävola, dürfte meines Erachtens das fest stehen, daß zwischen Guten gleichsam ein nothwendiges Wohlwollen obwalte, und das ist die Quelle der Freundschaft, die in

---

[118] Die Stoiker, die behaupten, der Weise solle von jeder Gemüthsbewegung frei sein.
[119] .

der Natur begründet ist. Aber[120] dieses Gute erstreckt sich zugleich auch auf die Menge. Denn die Tugend ist nicht menschenfeindlich, nicht undienstfertig. nicht übermüthig, da sie ja ganze Völker zu schirmen und bestens für sie zu sorgen pflegt, was sie gewiß nicht thäte, wenn sie der allgemeinen Menschenliebe abhold wäre.

Auch scheinen mir die, welche sich um des Vortheiles willen denken, das liebenswürdigste Band der Freundschaft zu verachten. Denn nicht sowol der durch den Freund gewonnene Vortheil erfreut, als vielmehr die Liebe des Freundes selbst, und erst dann wird das, was vom Freunde ausgeht, erfreulich, wenn es in Verbindung mit persönlicher Neigung von ihm ausgeht. Und weit entfernt, daß die Freundschaften um der Hülfsbedürftigkeit willen unterhalten werden, sind vielmehr gerade *die* Menschen, welche vermöge ihrer Macht, ihrer Mittel und besonders vermöge ihrer Tugend, in der der meiste Schutz liegt, am Wenigsten eines Anderen bedürfen, die Freigebigsten und Wohlthätigsten. Und vielleicht wäre es nicht einmal gut, wenn den Freunden durchaus nie Etwas fehlte. Denn wo hätte sich meine persönliche Zuneigung in ihrer vollen Kraft zeigen können, wenn Scipio nie meines Rathes, nie meiner Hülfe, weder zu Hause noch im Felde, bedurft hätte? Die Freundschaft war also nicht Folge des Nutzens, sondern der Nutzen Folge der Freundschaft.

Nicht also darf man auf Menschen hören, die in lauter Vergnügungen zerfließen, wenn sie einmal über Freundschaft, die sie weder aus Erfahrung noch durch Nachdenken kennen gelernt haben, sprechen. Denn, bei der Treue der Götter und Menschen! wer möchte unter der Bedingung, daß er weder Jemanden liebe, noch selbst von Jemandem geliebt werde, von allen Gütern umströmt sein und im Ueberflusse aller Dinge leben? Das ist ja das Leben eines Gewaltherrschers, in dem keine Treue, keine Liebe, kein Vertrauen auf

---

[120] Der Zusammenhang der Gedanken in dieser Stelle ist folgender: Wenn zwischen Guten gleichsam ein nothwendiges Wohlwollen obwaltet, und nur dieses die in der Natur begründete Quelle der Freundschaft ist; so könnte man leicht zu der Annahme geneigt sein, daß das Wohlwollen der Guten lediglich auf ihr gegenseitiges Verhältniß zu einander beschränkt sei, und somit das allgemeine Wohlwollen gegen die Menschheit überhaupt aufgehoben werde. Dem aber ist nicht so. Denn diese Güte, worauf die Freundschaft beruht, erstreckt sich zugleich auf die Menschheit überhaupt.

beständiges Wohlwollen stattfinden kann, wo immer Alles mißtrau- isch und besorgt ist, und keine Stelle sich für die Freundschaft fin- det. Denn wer sollte den lieben, den er fürchtet, oder den, von dem er sich gefürchtet glaubt? Geehrt werden sie wol, doch nur aus Ver- stellung auf einige Zeit[121] . Werden sie aber, wie es gemeiniglich der Fall ist, gestürzt; dann erkennt man, wie arm sie an Freunden waren. So soll zum Beispiel Tarquinius gesagt haben, erst in seiner Verbannung habe er eingesehen, an welchen er treue, an welchen er untreue Freunde gehabt habe, wo er es Keinem von Beiden habe vergelten können.

Indeß nimmt es mich Wunder, wenn er bei solchem Uebermuthe und Ungestüme überhaupt irgend einen Freund haben konnte. Sowie die Denkungsart des genannten Mannes ihm keine wahren Freunde erwerben konnte, ebenso schließt das Vermögen vieler Uebermächtigen treue Freundschaften aus. Denn nicht allein ist das Glück selbst blind, sondern es macht auch gemeiniglich die blind, die es in seine Arme schließt. Daher lassen sich diese gemeiniglich von Hochmuth und Anmaßung hinreißen, und es kann nichts Uner- träglicheres geben als ein unverständiges Glückskind.

Ferner kann man die Erfahrung machen, daß Menschen, welche früher ein gefälliges Benehmen zeigten, durch Befehlshaberstellen, Ehrenämter und glückliche Ereignisse umgewandelt werden, alte Freundschaften verschmähen und sich neuen hingeben.

Was[122] ist aber thörichter, als wenn man, durch Reichthum, Ueberfluß und Macht viel vermögend, sich zwar Alles anschafft, was man sich für Geld anschaffen kann: Pferde, Diener, herrliche Gewänder, kostbare Gefäße, Freunde hingegen, den besten und schönsten Hausrath des Lebens, wenn ich mich so ausdrücken darf, sich nicht erwirbt? Wenn man sich andere Güter anschafft, so weiß

---

[121] Senec. cap 9: hae sunt amicitiae, quas temporarias populus appellat.

[122] Vgl. Xenoph. Comment. II, 4, 1 u. 2: τοῦτο μὲν γὰρ δὴ πολλῶν ἔφη ακούειν, ως πάντων κτημάτων κράτιστον ἀν εἴη φίλος σαφὴς καὶ αγαθός, επιμελουμένος δὲ παντὸς μᾶλλον ὁρᾶν ἔφη (Σωκράτης) τοὺς πολλοὺς ἢ φίλων κτήσεως. Καὶ γὰρ οικίας καὶ αγροὺς καὶ ανδράποδα καὶ βοσκήματα καὶ σκεύη κτωμένους τε επιμελῶς ὁρᾶν ἔφη καὶ τὰ ὄντα σώζειν πειρωμένους, φίλον δε, ὁ μέγιστον αγαθόν εἶναι φασιν, ὁρᾶν ἔφη τοὺς πολλοὺς ούτε ὅπως κτήσονται φροντίζοντας, ούτε ὅπως οι ὄντες εαυτοῖς σώζωνται. Vgl. Lael. 17. 22[?].

man nicht, für wen man sie anschafft, noch um wessen willen man sich abmüht. Denn jedes dieser Güter kann Jedem zu Theil werden, der durch seine Kräfte überlegen ist; der Besitz der Freundschaft aber bleibt Jedem dauerhaft und gesichert, und wenn auch jene Güter, die gleichsam Geschenke des Glückes sind, blieben, so könnte doch unser Leben, wenn nicht durch Freunde verschönert, sondern von ihnen verlassen wäre, nicht erfreulich sein. Doch hiervon so viel.

Wir müssen nun bestimmen, welches die Gränzen und, so zu sagen, die Marken der Liebe in der Freundschaft sind. Ueber diese sind, wie ich sehe, drei Ansichten aufgestellt, von denen ich keine billige.

Die eine lautet: Wir sollen gegen den Freund ebenso gesinnt sein, wie gegen uns selbst; die zweite: Unser Wohlwollen gegen die Freunde soll ihrem Wohlwollen gegen uns in gleichem Maße und in gleicher Weise entsprechen; die dritte: Wie hoch Jeder sich selbst schätzt, so hoch soll er von seinen Freunden geschätzt werden. – Keiner dieser Ansichten stimme ich völlig bei.

Die erste: »*Jeder soll gegen seinen Freund wie gegen sich selbst gesinnt sein*« ist unwahr. Denn wie Vieles, was wir unsertwegen nie thun würden, thun wir um der Freunde willen! einen Unwürdigen demüthig bitten, dann mit verletzenden Worten über Einen herfahren und ihm heftig zusetzen. Dergleichen in unseren eigenen Angelegenheiten zu thun ist nicht eben sehr ehrenhaft, in denen unserer Freunde hingegen vollkommen ehrenhaft. Und so gibt es viele Dinge, bei denen sich rechtschaffene Männer von ihren eigenen Vortheilen Vieles entziehen und entziehen lassen, damit es lieber ihre Freunde als sie selbst genießen.

Die zweite Ansicht ist die, welche die Freundschaft nach gleichen Dienstleistungen und Gesinnungen bestimmt. Das heißt doch wahrlich die Freundschaft gar zu dürftig und kümmerlich berechnen, wenn man das Verhältniß zwischen Einnahmen und Ausgaben gleich machen will. Reicher und ergiebiger ist meines Erachtens die wahre Freundschaft, und sie sieht nicht so genau darauf, daß sie nicht mehr ausgebe als einnehme. Denn man soll nicht besorgt sein, daß Etwas verloren gehe, oder daß Etwas auf die Erde fließe, oder daß der Freundschaft Etwas über Gebühr zugewendet werde.

Die dritte Gränzbestimmung vollends: »wie hoch Jeder sich selbst schätze, so hoch soll er von seinen Freunden geschätzt werden« steht am Niedrigsten. Denn oft ist bei manchen Menschen der Muth zu zaghaft, oder die Hoffnung auf Verbesserung der äußeren zu kraftlos. Nicht darf also der Freund sich so gegen den Freund verhalten, sondern er muß vielmehr mit Anstrengung aller Kräfte es durchzusetzen suchen, daß er des Freundes gesunkenen Muth aufrichte und ihn auf bessere Hoffnungen und Gedanken bringe.

Wir müssen daher eine andere Gränze der wahren Freundschaft festsetzen, doch will ich zuerst kund thun, was Scipio am Meisten zu tadeln pflegte. Er behauptete, es lasse sich kein der Freundschaft feindlicherer Ausspruch denken, als die Aeußerung des Mannes, der gesagt habe, man müsse so lieben, als wenn man einmal hassen werde. Er könne sich auch nicht überzeugen, daß dieser Ausspruch, wie man meine, von Bias[123] herrühre, den man doch für einen der sieben Weisen gehalten habe; es sei vielmehr der Ausspruch eines unlauteren, entweder ehrsüchtigen oder Alles auf seine Macht beziehenden Menschen. Denn wie könne man wol Jemandem befreundet sein, dessen Feind zu werden er für möglich hält? Ja, er müßte sogar verlangen und wünschen, daß der Freund recht oft fehle, damit er ihm desto mehr Veranlassungen zum Tadeln gäbe, sowie er hinwiederum wegen der edlen Handlungen und wegen des Glückes seiner Freunde nothwendig Bekümmerniß, Verdruß und Neid empfinden müßte.

Daher ist diese Lehre fürwahr, von wem sie auch herrühren mag, geeignet die Freundschaft zu vernichten. Vielmehr hätte man die Lehre geben müssen, man solle bei Stiftung von Freundschaften eine solche Sorgfalt anwenden, daß man nie Einen zu lieben beginne, den man einmal hassen könne. Ja, wenn man sogar in seiner Wahl minder glücklich gewesen sei, so müsse man, meinte Scipio, dieses vielmehr ertragen, als an die Zeit eines feindlichen Verhältnisses denken.

Man muß also meines Erachtens folgende Bestimmungen beobachten. Wenn der Charakter der Freunde fehlerfrei ist, so muß unter ihnen Gemeinschaft aller Angelegenheiten, Entwürfe und

---

[123] GelliusN. A. I. 3, 30 legt diesen Ausspruch dem Chilon aus Lacedämon, gleichfalls einem der sieben Weisen, bei.

Wünsche ohne irgend eine Ausnahme stattfinden, so daß man sogar, wenn einmal der Fall einträte, daß minder gerechte Wünsche Freunde unterstützt werden müßten, wobei ihr körperliches und bürgerliches Dasein oder ihr guter Ruf auf dem Spiele steht, die Bahn des Rechtes verlassen müßte, nur darf es nicht den höchsten Grad der Schande zur Folge haben[124] . Denn bis zu einem gewissen Punkte kann man der Freundschaft Nachsicht gewähren. Doch ist hierbei einerseits der gute Ruf keineswegs zu vernachlässigen; andererseits darf man aber auch das Wohlwollen seiner Mitbürger als kein geringes Schutzmittel staatsmännischer Thätigkeit ansehen, das jedoch durch Schmeicheleien und Liebedienerei sich zu verschaffen schimpflich ist; die Tugend aber, welche Liebe zur Folge hat, darf durchaus nicht zurückgewiesen werden.

Doch – oft komme ich auf Scipio zurück, dessen ganzes Gespräch[125] von der Freundschaft handelte, – er beklagte sich[126] , die Menschen bei allen Angelegenheiten größere Sorgfalt bewiesen:

---

[124] Gellius N. A. I. 3, 14: sed cujus modi declinatio esse ista debeat qualisque ad adjuvandum digressio et in quanta voluntatis amici iniquitate, non dicit (Cicero). Quid autem refert scire me in ejusmodi periculis amicorum, si non magna me turpitudo insecutura est, de via recta esse declinandum, nisi id quoque me docuerit, quam putet magnam turpitudinem, et quum decessero de via, quo usque degredi debeam?M. Seyffert bemerkt richtig, daß unmöglich Lälius unter dem »de via declinare« jus deserere oder die Wahrheit verleugnen verstehen könne. Das Abweichen vom geraden Wege beziehe sich wahrscheinlich nur auf die Versuche der Billigkeit das Vergehen des Freundes vor Gericht in einem milderen Lichte zu zeigen und Alles, was zu seiner Entschuldigung und Rechtfertigung dienen kann, geltend zu machen, um damit eine günstige Stimmung der Richter und des Publikums für ihn zu gewinnen. Vgl. Cicer. : Nec tamen, ut hoc fugiendum est, (sc. eloquentiam ad bonorum perniciem convertere), item habendum est religioni nocentem aliquando, modone nefarium impiumque, defendere. Vult hoc multitudo, patitur consuetudo, fert etiam humanitas. Iudicis est semper in causis verum sequi, patroni nonnunquam veri simile, etiamsi minus sit verum, defendere: quod scribere, praesertim quum de philosophia scriberem, non auderem, nisi idem placeret gravissimo Stoicorum Panaetio.

[125] S. oben .

[126] Der hier ausgesprochene Gedanke ist aus Xenoph. Comment. II, 4, 4. entlehnt: Ἔτι δὲ πρὸς τούτοις ὁρᾶν ἔφη (Σωκράτης) τοὺς πολλοὺς τῶν μὲν ἄλλων κτημάτων, καὶ πάνυ πολλῶν αὐτοῖς ὄντων, τὸ πλῆθος εἰδότας, τῶν δὲ φίλων, ὀλίγων ὄντων, οὐ μόνον τὸ πλῆθος ἀγνοοῦντας, ἀλλὰ καὶ τοῖς πυνθανομένοις τοῦτο καταλέγειν ἐγχειρήσαντας. Vgl. oben zu .

Jeder könne zum Beispiel angeben, wie viele Ziegen und Schafe er habe, aber wie viele Freunde er habe, könne er nicht angeben, und bei Anschaffung dieser Dinge wendeten sie Sorgfalt an, bei der Wahl der Freunde hingegen seien sie nachlässig und hätten keine bestimmten Merkmale, nach denen sie diejenigen, welche zur Freundschaft geeignet seien, beurtheilen könnten.

Man muß also Männer von festem, standhaftem und beständigem Charakter auswählen, an denen freilich großer Mangel ist, und ohne vorhergegangene Prüfung ist dieß allerdings schwer zu beurtheilen; die Prüfung läßt sich aber erst in der Freundschaft selbst anstellen. Auf diese Weise eilt die Freundschaft dem Urtheile vor und benimmt die Möglichkeit der Prüfung.

Die Klugheit also gebietet den ungestümen Drang des Wohlwollens wie einen raschen Lauf zu hemmen, um so von der Freundschaft[127] wie von geprüften Rossen Gebrauch zu machen, das heißt, nachdem man den Charakter der Freunde einigermaßen auf die Probe gestellt hat. An Einigen sieht man oft, wenn es sich um eine kleine Geldsumme handelt, wie leichtfertig sie sind; Andere aber, die eine kleine Geldsumme nicht rühren konnte, lernt man bei einer großen kennen. Finden sich aber wirklich Einige, die Geld der Freundschaft vorzuziehen für schmutzig halten; wo werden wir diejenigen finden, welche Ehrenämter, Staatswürden, Befehlshaberstellen, Staatsgewalten und Macht der Freundschaft nicht vorziehen, so daß sie, wenn man ihnen auf der einen Seite diese Güter, auf der anderen die Gerechtsame der Freundschaft vorlegte, nicht viel lieber jene vorzögen? Denn zu schwach ist unsere Natur, um die Macht zu verachten, und selbst wenn man zu dieser mit Vernachlässigung der Freundschaft gelangt ist, so glaubt man, es werde in Vergessenheit gerathen, weil man die Freundschaft nicht ohne wichtigen Grund habe. Daher findet man wahre Freundschaften sehr schwer unter Männern, die Ehrenämter bekleiden und sich den

---

[127] Ich lese mit M. Seyffert nach den besten Handschriften amicitia;Halm hat die schwach begründete Lesart amicitiis beibehalten. Das Wort quo nach sic impetum benevolentiae ist nicht als der auf impetu zu beziehende Ablativ, sondern als Konjunktion (= damit dadurch, damit so, damit auf diese Weise) aufzufassen.

Staatsgeschäften widmen[128]. Denn wo träfe man einen Mann, der die Ehre des Freundes der seinigen vorzöge?

Ferner, wie drückend, wie mißlich, um hiervon nicht weiter zu sprechen, erscheint den Meisten die Theilnahme an Unglücksfällen. Es ist nicht leicht Menschen zu finden, die sich dazu verstehen. Und doch sagt Ennius[129] mit Recht:

> Unsicheres Glück läßt sehen uns den sicheren Freund

[130].

Gleichwol werden die meisten Menschen in den beiden Fälle des Leichtsinns und der Schwäche überführt, entweder wenn sie den Freund in ihrem Glücke verachten oder wenn sie ihn in seinem Unglücke verlassen.

Wer sich also in beiden Fällen gesetzt, standhaft un beharrlich in der Freundschaft beweist, den müssen wir für einen hoch seltenen Menschen und, ich möchte sagen, für ein göttliches Wesen erklären.

Die Stütze dieser Beharrlichkeit und Standhaftigkeit aber die wir in der Freundschaft suchen, ist die Treue.[131] Denn Nichts ist beharrlich, was untreu ist. Außerdem muß man einen aufrichtigen, umgänglichen und gleichgesinnten Mann, das heißt einen solchen, auf welchen die nämlichen Gegenstände einen Eindruck machen, auswählen: lauter Eigenschaften, welche wesentliche Bestandtheile der Treue sind. Denn so wenig ein Gemüth voll Falten und Krümmungen treu sein kann, ebenso wenig kann der, auf den nicht die nämli-

---

[128] Vgl. oben . und Cicer.: Maxime autem adducuntur plerique, ut eos justitiae capiat oblivio, quum in imperiorum, honorum, gloriae cupiditatem inciderunt . . . Declaravit id modo temeritas C. Caesaris, qui omnia jura, divina atque humana, pervertit propter eum, quem sibi ipse opinionis errore finxerat, principatum.

[129] Ueber Ennius s. zu .

[130] Vgl. Eurip. Hec. 1202:
Ἐν τοῖς κακοῖς γὰρ ἀγαθοι σαφέστατοι
Φίλοι.
●
●

[131] Vgl. Cicer.: Fundamentum est autem justitiae fides, id est dictorum conventorumque constantia et veritas.

chen Gegenstände Eindruck machen, und der nicht von Natur mit uns übereinstimmt, treu oder beharrlich sein. Dazu gehört auch noch, daß er keine Freude daran habe Beschuldigungen vorzubringen oder vorgebrachten Glauben zu schenken: was alles die Beständigkeit bedingt, mit deren Darstellung ich mich schon eine Weile beschäftige. So bestätigt sich die Wahrheit der zu Anfang[132] ausgesprochenen Behauptung: die Freundschaft könne nur unter Guten stattfinden. Es kommt nämlich einem guten Manne, den man auch einen Weisen nennen darf[133], zu folgende zwei Grundsätze in der Freundschaft festzuhalten: für's Erste, daß keine Verstellung und keine Heuchelei stattfinde; denn sogar offen hassen verräth mehr Edelmuth als seine Gesinnung unter erheuchelter Miene verbergen; sodann soll man nicht allein die von Jemandem vorgebrachten Beschuldigungen zurückweisen, sondern auch selbst nicht argwöhnisch sein, indem man immer glaubt, der Freund habe irgend eine Rücksicht gegen uns verletzt.

Dazu muß noch eine gewisse Anmuth in der Unterhaltung und in den Sitten hinzukommen[134], eine keineswegs geringe Würze der Freundschaft. Ein finsteres und stäts ernstes Wesen aber ist allerdings mit einer gewissen Würde verbunden; doch muß die Freundschaft zwangloser, freier, liebreicher und zu jeder Freundlichkeit und Gefälligkeit geneigter sein.

---

[132] S. oben.

[133] Vgl. oben.

[134] Aristotel. Nicomach. VIII. 6, 1 sqq: Ἐν δὲ τοῖς στρυφνοῖς καὶ πρεσβυτικοῖς ἧττον γίνεται η φιλία, ὅσω δυσκολώτεροι εισι και ἧττον ταῖς ὁμιλίαις χαίρουσι· ταῦτα γὰρ δοκεῖ μάλιστ' εἶναι φιλικὰ καὶ ποιητικὰ φιλίας κτλ.

XIX. 67. Es entsteht aber jetzt eine besondere Frage von einiger Schwierigkeit, ob manchmal neue, der Freundschaft würdige Freunde alten vorzuziehen seien, wie wir alten Pferden junge vorzuziehen pflegen: ein des Menschen unwürdiges Bedenken. Denn in den Freundschaften darf nicht wie bei anderen Dingen Sättigung eintreten. Gerade die älteste[135] muß uns wie die Weine, welche zählen, auch die lieblichste sein, und wahr ist das Sprüchwort[136] : »Man muß zuvor viele Scheffel Salz mit einander essen, bis die Aufgabe der Freundschaft erfüllt ist«. Neue Freundschaften aber, wenn sie zu Hoffnungen berechtigen, indem sich wie bei nicht täuschenden Saaten die Frucht zu erkennen gibt, sind allerdings nicht zu verschmähen; doch muß man die alte Freundschaft in der ihr gebührenden Stelle erhalten. Denn sehr groß ist die Macht des Alters und der Gewohnheit. Ja selbst schon beim Pferde, dessen ich so eben erwähnte, sehen wir, daß, wenn sonst Nichts im Wege steht, Jeder lieber das gebrauchen will, an das er gewohnt ist, als ein ungeschultes und neues. Und nicht bloß bei lebendigen Wesen, sondern auch in der leblosen Natur behauptet die Gewohnheit ihre Geltung, da wir sogar an Gegenden, selbst bergigen und waldigen[137] , Gefallen finden, wenn wir uns in denselben lange aufgehalten haben.

---

[135] Ich lese zwar nach der Muthmaßung Madvig's in Opusc. II. p. 284 sq.: veterrima quaeque . . esse debet suavissima, halte aber mit M. Seyffert die Lesart der Handschriften: veterrima quaeque . . esse debent suavissima für richtig. Streng genommen, hätte also übersetzt werden müssen: gerade die Aelteste, nämlich in den Freundschaften, was sich aus dem Vorhergehenden leicht ergänzen läßt. Der abstrakte Ausdruck veterrima quaeque als Neutrum bildet einen Gegensatz zu dem folgenden novitates, d. i. das Neue, nämlich in den Freundschaften.

[136] Aristotel. Nicom. VIII. 3, 8: ἔτι δὲ προσδεῖται χρόνου καὶ συνθείας· κατὰ τὴν παροιμίαν γὰρ οὐκ ἔστιν εἰδῆσαι ἀλλήλους, πρὶν τοὺς λεγομένους ἅλας συναλῶσαι.

[137] Die bergigen und waldigen Gegenden, die doch meistens schön und anmuthig sind, werden hier, wie G. Lachmeyer bemerkt, mit Rücksicht auf die Beschwerlichkeit erwähnt. Ich möchte lieber sagen: mit Rücksicht auf die Unfruchtbarkeit, wodurch den Bewohnern Mühsal und Last bereitet wird.

Aber höchst wichtig in der Freundschaft ist es, daß der Höhere sich dem Niedrigen gleich stellt[138] , Denn es gibt oft hervorstechende Persönlichkeiten, wie die des Scipio in unserem Kreise war. Nie zog sich dieser dem Philus[139] , nie dem Rupilius[140] , nie dem Mummius[141] , nie seinen Freunden niedrigen Ranges vor. Ja seinen Quintus Maximus[142] , einen allerdings ausgezeichneten, aber ihm keineswegs gleichen Mann, ehrte er, weil er älter war, wie einen Höheren, und so wünschte er, daß seine Angehörigen durch ihn zu höherem Ansehen gelangten. Dieß sollten Alle thun und nachahmen. Wenn sie daher Vorzüge der Tugend, des Geistes und der äußeren Lage erlangt haben, so mögen sie diese den Ihrigen zu Gute kommen lassen und ihren nächsten Angehörigen mittheilen, so daß, wenn sie von niedrigen Aeltern abstammen, wenn sie Verwandte von schwächerem Geiste oder geringeren Glücksgütern haben, sie deren Vermögensumstände verbessern und ihnen zu Ehren und Ansehen verhelfen, wie wir dieß in den Schauspielen sehen, wo die, welche wegen der Unkenntniß ihres Namens und Geschlechtes einige Zeit lang in Dienstbarkeit lebten, aber selbst nach Entdeckung ihres Ursprunges von Göttern oder Königen dennoch ihrer Liebe gegen die Hirten treu bleiben, die sie viele Jahre für ihre Väter gehalten hatten[143] . Und dieß muß man in ungleich höherem Grade bei wirklichen und rechtmäßigen Vätern thun. Denn dann genießt man von seiner Geisteskraft, Tugend und jedem Vorzuge die größ-

---

[138] Ueber die Gleichheit und Ungleichheit in der Freundschaft spricht ausführlich Aristotel. Nicom. VIII. 8, 13. 14. 9, 1.

[139] Ueber Lucius Furius Philus s. zu

[140] Ueber Publius Rupilius s. zu

[141] Spurius Mummius, Bruder des Lucius Mummius, des Zerstörers von Korinth (146 v. Chr.). Beide zählt Cicero Brut. 25, 94. zu den mittelmäßigen Rednern: simplex quidem Lucius et antiquus, Spurius autem nihilo ille quidem ornatior, sed tamen adstrictior; fuit enim doctus ex disciplina Stoicorum. Scipio schätzte und liebte den Letzteren sehr. S. Cicero Rpl. I. 12, 18.

[142] Quintus Fabius Maximus Aemilianus war der älteste Sohn des Lucius Aemilius Paullus und der Bruder des jüngeren Scipio Africanus. Sowie dieser von dem Sohne des älteren Scipio Africanus, so wurde jener von dem Sohne des Quintus Fabius Maximus Cunctator adoptirt. Zwar stand der Letztere seinem Bruder nach, zeichnete sich aber als Consul in dem J. 145 v. Chr. in dem Kriege gegen Viriathus, den Heerführer der Lusitanier, aus.

[143] Wie z. B. Oedipus.

ten Früchte, wenn man sie denen zuwendet, die uns am Nächsten stehen.

Sowie also diejenigen, welche in dem engeren Verhältnisse der Freundschaft oder Verwandtschaft höher stehen, sich den Niedrigeren völlig gleichstellen müssen; ebenso dürfen sich auch die Niedrigeren nicht verletzt fühlen, wenn sie von den Ihrigen an Geisteskraft, Glück oder Würde übertroffen werden. Aber die Meisten von ihnen haben immer Klage zu führen oder wol gar Vorwürfe zu machen, und zwar um so mehr, wenn sie meinen Fälle anführen zu können, wo sie dienstfertig und freundschaftlich und zum Theil mit Anstrengung gehandelt hatten: wahrlich eine verhaßte Gattung von Menschen, die Anderen ihre Dienstleistungen vorwerfen, deren nur der gedenken soll, dem sie erwiesen wurden, die aber nicht der erwähnen darf, der sie erwies.

Sowie sich also die höher Stehenden in der Freundschaft herablassen müssen, ebenso müssen sich die Niedrigeren gewissermaßen erheben. Denn Manche machen die Freundschaft dadurch lästig, daß sie sich zurückgesetzt meinen, was nicht leicht stattfindet, außer bei denen, die auch wirklich Zurücksetzung zu verdienen glauben. Diese muß man von einem solchen Wahne nicht bloß durch Worte, sondern auch durch die That befreien.

Man muß aber einem Jeden so Viel zutheilen, als man erstens selbst zu leisten vermag, sodann auch, so Viel der, den man liebt und unterstützt, zu ertragen vermag. Denn man kann nicht, so sehr man auch hervorragt, alle die Seinigen zu den höchsten Ehrenstellen befördern. So konnte Scipio dem Publius Rupilius[144] das Consulat verschaffen, aber dessen Bruder Lucius nicht. Und wäre man auch im Stande dem Anderen alles Mögliche zuzuwenden, so muß man doch sehen, was er zu ertragen vermag.

Ueberhaupt darf man über Freundschaften erst dann urtheilen, wenn die Geistesanlagen und das Alter die gehörige Stärke und Festigkeit erlangt haben, und wer zum Beispiel in der Jugend Lieb-

---

[144] Ueber Publius Rupilius s. zu . Sein Bruder Lucius bewarb sich zwar um das Consulat, erhielt es aber nicht. Vgl. Plin. N. H. 7, 36: P. Rupilius morbo levi impeditus nuntiata fratris (Lucii Rupilii, praetoris 147 a. Chr.) repulsa in consulatus petitione illico exspiravit. Cicer. Tusc. IV. 17, 40: Aegre tulisse P. Rupilium fratris repulsam consulatus scriptum apud Fannium est.

haber der Jagd oder des Ballspieles war, muß sich darum nicht an diejenigen gebunden glauben, die er damals wegen derselben Neigung liebte. – Nach diesem Maßstabe würden ja die Ammen und Kindererzieher[145] nach dem Rechte des Alters die nächsten Ansprüche auf unser Wohlwollen machen können. Allerdings sind diese nicht zu schätzen. Aber die Liebe zum Freunde muß doch anders beschaffen sein[146] . – Im entgegengesetzten Falle[147] können Freundschaften auf die Dauer nicht bestehen. Denn Ungleichheit des Charakters hat auch ungleiche Neigungen zur Folge, deren Unähnlichkeit die Freundschaften trennt. Und aus keiner anderen Ursache können Gute den Bösen und Böse den Guten nicht befreundet sein, als weil zwischen ihnen der möglichst größte Abstand des Charakters und der Neigungen herrscht.

Mit Recht kann man auch bei Freundschaften die Vorschrift geben, daß nicht übertriebenes Wohlwollen – was sehr oft geschieht – wesentlichen Vortheilen der Freundschaft hinderlich sei. Denn sowie Neoptolemus[148] – um wieder zu den Schauspielen zurückzu-

---

[145] Paedagogi. Zu Kindererziehern erwählte man gebildete und wohlgesittete, gewöhnlich aus Griechenland abstammende Sklaven. Sie mußten das Betragen der Kinder überwachen, sie überall begleiten und ihnen den ersten wissenschaftlichen Unterricht ertheilen.

[146] In den Handschriften findet hier offenbar eine Lücke statt; sie lesen nämlich: sed alio quodam modo est. Die meisten Herausgeber haben dieses est getilgt und ergänzen amandi oder colendi oder diligendi, oder aus den vorhergehenden Worten negligendi non sunt.Haupt liest: sed alio quodam modo * *. Weit richtiger scheint mir G. Lachmeyer's Ergänzung: sed alio quodam modo amandum est (wofür ich schreiben möchte: sed a. q. modo est amandum). Nach dieser Ergänzung habe ich die Stelle übersetzt.

[147] Nämlich wenn man über die Freundschaften urtheilt, bevor die Geistesanlagen und das Alter die gehörige Stärke und Festigkeit erlangt haben. Man muß also die Worte:»Nach diesem Maßstabe . . . anders beschaffen sein« als ein parenthetisches Einschiebsel ansehen.

[148] Neoptolemus, Sohn des Achilleus und der Deidamia, der Tochter des Lykomedes, Königs von Skyros, einer Insel des Aegäischen Meeres, hieß eigentlich Pyrrhus, erhielt aber den Namen Neoptolemus, weil er sich nach seines Vaters Tode als junger Krieger (Neoptolemus von νέος und πτόλεμος) zu dem Heere der Griechen vor Troja begab. Nach des Achilleus Tode holte ihn Odysseus (Hom. Odyss. λ, 506 ff.) von Skyros, wo er bei Lykomedes erzogen worden war (Hom. Il. τ, 326), weil ein Orakelspruch verkündet hatte, ohne Neoptolemus könne Troja nicht eingenommen werden. Sophokles hat diesen

kehren – Troja nicht hätte einnehmen können, wenn er dem Lykomedes, bei dem er erzogen worden war, hätte Gehör schenken wollen, als er ihn unter vielen Thränen von seiner Abreise abzuhalten So treten oft wichtige Vorfälle ein, wo man sich von seinen Freunden trennen muß. Wer diese nun, weil er die Sehnsucht nach dem Freunde nicht leicht zu ertragen meint, hintertreiben will, der ist schwach und weichlich von Natur und gerade aus diesem Grunde zu wenig gerecht in der Freundschaft. Und so muß man bei jeder Angelegenheit erwägen, was man von dem Freunde fordern und was man seinen Forderungen gewähren darf.

Es tritt bisweilen auch ein unvermeidliches Mißgeschick ein, daß man Freundschaften aufgeben muß. Schon gleitet nämlich unser Vortrag von den vertrauten Verbindungen der Weisen zu den gewöhnlichen Freundschaften herab. Es brechen oft Fehler an den Freunden bald gegen ihre eigenen Freunde hervor, deren Schimpf jedoch nicht auf die Freunde zurückfällt. Solche Freundschaften muß man durch allmähliche Verminderung des Umganges auflösen und nach Cato's Ausspruche mehr auftrennen als zerreißen; es müßte denn eine ganz unerträgliche Kränkung in volle Flamme ausgebrochen sein[149] , so daß es weder vernünftig noch sittlich gut noch überhaupt möglich wäre nicht sogleich eine Entfremdung und Trennung eintreten zu lassen.

Ist aber eine Veränderung in dem Charakter und den Neigungen, wie es zu geschehen pflegt, erfolgt, oder unter den Parteien des Staates eine Mißhelligkeit eingetreten – ich rede nämlich jetzt, wie ich kurz zuvor bemerkte, nicht von den Freundschaften der Weisen, sondern von den gewöhnlichen – so muß man sich hüten, daß es nicht den Anschein gewinne, als habe man die Freundschaft nicht

---

Gegenstand in seinem Philokteres behandelt. Die an unserer Stelle erwähnte Scene des Abschiedes findet sich nach Welcker (Die Griech. Tragöd. I. Abth. S. 105 f.) in der nur in wenigen Bruchstücken noch vorhandenen, »die Scyrierinnen« überschriebenen Tragödie. Vgl. G. H. Bode, Gesch. der Dichtkunst III. Bd. I. Th. S. 427.

[149] Aristotel. Nicom. IX. 3. 5: Ἆρ' οὖν ουθὲν ἀλλοιότερον πρὸς αυτὸν (τὸν φίλον) ἑκτέον, ἢ εἰ μὴ ἐγεγόνει φίλος μηδέποτε, ἢ δεῖ μνείαν ἔχειν τῆς γενομένης συνηθείας; καὶ καθάπερ φίλοις μᾶλλον ἢ οθνείοις οιόμεθα δεῖν χαρίζεσθαι, οὕτω καὶ τοῖς γενομένοις (sc. φίλοις) ἀπονεμητέον τι διὰ τὴν προγεγομένην φιλίαν, ὅταν μὴ δι' ὑπερβολὴν μοχθηρίας ἡ διάλυσις γένηται.

allein aufgegeben, sondern sogar Feindschaft begonnen. Denn Nichts ist schimpflicher als mit dem Krieg zu führen, mit dem man vertraut gelebt hat. Von der Freundschaft des Quintus Pompejus[150] hatte Scipio, wie ihr wißt, um meinetwillen zurückgezogen; wegen einer Mißhelligkeit aber, die im Staate herrschte, entfernte er sich von unserem Amtsgenossen Metellus[151]. Beides that er mit Würde, ohne daß sein persönliches Uebergewicht und seine Empfindlichkeit kränkend gewesen wäre[152].

Darum muß man sich erstlich Mühe geben, daß keine Entzweiungen zwischen Freunden entstehen; hat sich aber so Etwas ereignet, daß die Freundschaft mehr erloschen als unterdrückt zu sein scheine. Besonders aber muß man sich hüten, daß sich nicht Freundschaften sogar in schwere Feindschaften verwandeln, aus denen Zänkereien, Schmähungen und Beschimpfungen entstehen. Doch muß man diese, so lange sie erträglich sind, erdulden und der alten Freundschaft die Ehre erweisen, daß der die Schuld trage, der das Unrecht thut, nicht der, der es leidet.

Ueberhaupt gibt es gegen alle Fehler und Unannehmlichkeiten nur ein Verwahrungsmittel und nur eine Vorsichtsmaßregel, daß

---

[150] Quintus Pompejus Nepos hatte nach Plutarch (T. II p. 200 C.) dem Scipio bei der Bewerbung des Lälius um das Consulat versprochen, er wolle mit ihm gemeinschaftlich denselben unterstützen, statt dessen aber bewarb er sich selbst um das Consulat und erhielt es auch (141 v. Chr.).

[151] Quintus Cäcilius Metellus, der den Beinamen Macedonicus erhalten hatte, weil er nach Besiegung des Andriskus Macedonien zu einer Römischen Provinz machte (148 v. Chr.), und der als Consul im J. 143 gegen Viriathus Krieg führte, war Augur, daher Amtsgenosse des Scipio und Lälius und politischer Widersacher des Scipio (Cicer. Rpbl. I. 19, 31.). Welche politische Mißhelligkeit zwischen Metellus und Scipio hier gemeint sei, läßt sich nicht bestimmt angeben. Auch Cicer. Offic. I. 25, 87 sagt: qualis fuit inter P. Africanum et Q. Metellum sine acerbitate dissensio.

[152] Die Lesart aller Handschriften ist: utrumque egit graviter auctoritate et offensione animi non acerba. So liest auch Halm im Texte; aber in der Anmerkung erklärt er das Wort auctoritate für ein Glossem, wodurch Jemand das graviter habe erklären wollen. Madvig (Opusc. II. p. 287) hält die Worte auctoritate et für unächt. G. Lachmeyer muthmaßt sehr scharfsinnig: graviter ac temperate et off. u. s. w und vgl. Cicer. ad Attic. XII. 32, 1: ages, ut scribis, temperate. Ich halte die handschriftliche Lesart für ächt und sehe mit M. Seyffert die Worte auctoritate et offensione animi non acerba als Exegese des Wortes graviter (= auf eine würdige Weise, mit Würde) an.

man nicht allzu schnell und Unwürdige zu lieben anfange. Würdig der Freundschaft sind aber diejenigen, in welchen selbst der Grund warum man sie liebe: eine seltene Gattung der Menschen. Freilich, aber alles Vortreffliche ist ja selten, und es ist Nichts schwieriger als Etwas zu finden, was in jeder Hinsicht in seiner Art vollkommen wäre. Aber sowie die Meisten in den menschlichen Angelegenheiten nichts Gutes erkennen, als was Gewinn bringt; so lieben sie auch unter ihren Freunden wie unter ihren Hausthieren diejenigen am Meisten, von denen sie den größten Gewinn zu ziehen hoffen.

So entbehren sie der schönsten und natürlichsten Freundschaft, die an sich und um ihrer selbst willen wünschenswerth ist, und sie nehmen es nicht an sich selbst ab[153], worin das Wesen und der Werth der Freundschaft bestehe. Denn Jeder liebt sich selbst, nicht um einen Lohn für seine Liebe von sich selbst zu fordern, sondern weil sich Jeder an und für sich selbst lieb ist. Wenn man dieß nicht auch auf die Freundschaft überträgt, so wird man nie einen wahren Freund finden. Dieser ist ja gleichsam unser zweites Ich[154].

Wenn sich nun diese Erscheinung bei Thieren zeigt, sie mögen in der Luft oder im Wasser oder auf dem Lande leben, zahm oder wild sein, daß sie erstlich sich selbst lieben – ein Trieb, der zugleich mit jedem lebenden Wesen geboren wird –; sodann, daß sie Geschöpfe ihrer Art aufsuchen und begehren, um sich an sie anzuschließen; und wenn sie dieß mit Sehnsucht und einer der menschlichen ähnlichen Liebe thun: um wie viel natürlicher ist dieses bei dem Menschen, der nicht nur sich selbst liebt, sondern auch einen Anderen aufsucht, um dessen Gemüth so mit dem seinigen zu vermischen, daß er, ich möchte sagen, aus zwei Wesen eines macht!

XXII. 82. Aber die Meisten wollen verkehrter, um nicht zu sagen, unverschämter Weise einen solchen Freund besitzen, wie sie selbst

---

[153] Nec sibi exemplo sunt u. s. w., und nicht, sich selbst betrachtend, sehen sie, worauf die wahre Freundschaft beruhe; denn Niemand liebt sich selbst wegen des Nutzens, sondern um seiner selbst willen.

[154] Aristotel. Nicom. IX. 4, 6: ἐστι γὰρ ο φίλος ἄλλος αυτός. 9, 10: ἕτερος γὰρ αυτὸς ο φίλος εστί. Magn. Moral. 2, 10. p. 71, 20. Sylb. ὅταν βουλώμεθα σφόδρα φίλον ευπεῖν, μία μὲν ψυξὴ η εμὴ καὶ η τούτου. Cicer. Offic. I. 17, 56: efficiturque id, quod Pythagoras volt in amicitia, ut unis fiat ex pluribus, wo man Beierp. 133 sq. nachsehe. Vgl. Lael. . .

nicht sein können, und was sie selbst ihren Freunden nicht leisten, das verlangen sie von ihnen[155] . Billig aber ist es, daß man zuerst selbst ein guter Mann ist und dann einen anderen sich ähnlichen sucht. Unter solchen Menschen kann nun die Beständigkeit der Freundschaft, mit deren Darstellung wir uns schon eine Weile beschäftigten[156] , erst festen Halt gewinnen, wenn durch Wohlthaten verbundene Menschen zuerst den Begierden gebieten, denen Andere fröhnen; sodann an Billigkeit und Gerechtigkeit ihre Freude haben; ferner der Eine für den Anderen Alles übernimmt, und Keiner von dem Anderen Etwas verlangt, als was sittlich gut und recht ist, und sie sich einander nicht allein ehren und lieben, sondern auch Hochachtung vor einander hegen, Denn die größte Zierde der Freundschaft nimmt der weg, der aus ihr die Hochachtung wegnimmt.

Daher hat diejenigen ein verderblicher Irrthum ergriffen, welche der Ansicht sind, die Freundschaft eröffne zu allen Ausschweifungen und Vergehen unbeschränkte Erlaubniß. Zur Gehülfin der Tugend hat uns die Natur die Freundschaft gegeben[157] , nicht zur Gefährtin der Laster, damit die Tugend, weil sie nicht für sich allein zu dem Höchsten[158] gelangen kann, in Verbindung und Gemeinschaft mit der anderen dahin gelange. Findet unter Menschen eine solche Gemeinschaft in der Gegenwart oder Vergangenheit oder Zukunft statt, so ist ihr gegenseitiges Geleite als das beste und glücklichste auf dem Pfade zu dem höchsten Gute der Natur anzusehen. Dieß behaupte ich, eine Gemeinschaft, in der Alles liegt, was die Menschen für wünschenswerth halten: Ehre, Ruhm, Seelenruhe und Frohsinn. Denn wo diese Güter sind, da ist das Leben glückselig, ohne sie aber ist es nicht möglich.

---

[155] Aristotel. Nicom. IX. 13, 4: Ἡ δὲ διὰ τὸ χρήσιμον (φιλία) εγκληματική· επ' ωφελεία γὰρ χρώμενοι αλλήλοις αεὶ τοῦ πλείονος δέονται καὶ ἔλαττον ἔχειν οιονται τοῦ προσήκοντος καὶ μέμφονται, ὅτι ουχ ὅσων δέονται, τοσούτων τυγχάνουσιν ἄξιοι ὄντες· οι δ' εὖ ποιοῦντες ου δύνανται επαρκεῖν τοσαῦτα, ὅσων οι πάσχοντες δέονται.

[156] Dieselben Worte finden sich schon .

[157] Aristotel. Nicom. VIII. 1, 1: ἐστι γὰρ (η φιλία) αρετή τις ἠ μετ' αρετῆς.

[158] D. h. zu dem höchsten Gute der Natur, wie gleich darauf gesagt wird. Es ist die auf Vernünftigkeit und Sittlichkeit beruhende Glückseligkeit des Lebens darunter zu verstehen.

Da dieß also das beste und größte Gut ist, so müssen wir uns, wenn wir es erlangen wollen, der Tugend befleißigen, ohne die wir weder Freundschaft noch irgend ein wünschenswerthes Gut erreichen können. Wer aber diese vernachlässigt und dennoch Freunde zu besitzen wähnt, wird dann erst seinen Irrthum gewahr, wenn ihn ein schweres Mißgeschick zwingt seine Freunde zu prüfen.

Darum – ich muß es nämlich öfters sagen – soll man erst nach vorhergegangener Beurtheilung lieben, nicht aber erst nach der Liebe urtheilen. Allein in vielen Dingen büßen wir für unsere Nachlässigkeit, am Meisten aber sowol in der Wahl als in der Behandlung der Freunde[159]. Denn wir lassen die Berathung hintennach folgen und thun Gethanes[160], was uns ein altes Sprüchwort verbietet. Denn obwol wir in gegenseitige freundschaftliche entweder durch langen Umgang oder auch durch Dienstleistungen getreten sind, brechen wir die Freundschaften plötzlich mitten im Laufe ab, sobald sich irgend ein Anstoß erhebt.

Um so mehr verdient daher die so große Sorglosigkeit in einer höchst unentbehrlichen Sache Tadel. Denn unter den menschlichen Dingen ist es die Freundschaft allein, über deren Nutzen Alle ein-

---

[159] in amicis et diligendis et colendis.M. Seyffert und Andere wollen gegen die Handschriften deligendis statt diligendis lesen, da der Zusammenhang der ganzen Stelle den Begriff der Wahl verlangt. Diese Aenderung ist, wie ich glaube, unnöthig, da die Alten das Wort diligere sowol in der Bedeutung lieben als auch in der Bedeutung wählen gebraucht zu haben scheinen. Wenigstens wird an unzähligen Stellen der Alten in den besten Handschriften diligere in der Bedeutung wählen gelesen. An unserer Stelle wird nicht bloß durch den Zusammenhang, sondern auch durch das trennende et - et einer Verwechslung der Bedeutungen vorgebeugt. Aber höchst auffallend ist der Zusatz colendis, da im Vorhergehenden nur von der Vorsicht in der Zahl der Freunde die Rede war. Seyffert nimmt daher richtig an, daß Lälius unvermerkt ein neues Moment in seinen ursprünglichen Gedanken aufnehme, indem er mit der leichtfertigen Wahl der Freunde eine andere, sich hieran knüpfende Leichtfertigkeit, die unbedeutender Ursachen wegen Freundschaften aufgibt, verbinde.

[160] acta agimus. Der Sinn des Sprüchwortes ist: Wir thun nachher, was wir hätten vorher thun sollen. Gethanes ist das, was später nicht zu ändern ist. Terent. Phorm. II. 3, 72: Actum agam, ubi illinc rediero.Seyffert vergleicht unser Sprüchwort: »Vorgethan und nachgedacht hat Manchen in groß Leid gebracht«.

stimmig urtheilen, wiewol selbst die Tugend von Vielen[161] gering geachtet und eine bloße Schaustellung und Prahlerei genannt wird. Viele[162] verschmähen den Reichthum, weil sie, mit Wenigem zufrieden, an geringer Kost und Lebensweise Gefallen finden. Ehrenämter vollends, nach denen Manche mit brennender Begierde streben, wie Viele verachten diese so sehr, daß sie Nichts für eitler, Nichts für geringfügiger halten! Ebenso achten sehr Viele andere Dinge, die Manchen bewunderungswerth erscheinen, für Nichts.

Von der Freundschaft hingegen haben Alle insgesammt die nämliche Ansicht. Sowol die, welche sich dem Staate gewidmet haben, als die, welche an der Erforschung der Dinge und an der Gelehrsamkeit ihre Freude finden, wie auch die, welche, von Amtsgeschäften frei, ihre eigenen Geschäfte treiben[163], endlich die, welche sich ganz den Vergnügungen hingeben, urtheilen, ohne Freundschaft sei das Leben kein Leben, wenn sie nur einigermaßen mit Anstand leben wollten. Es erstreckt sich nämlich unvermerkt, ich weiß nicht wie, die Freundschaft über Aller Leben und läßt keine Lebensweise ihrer untheilhaft sein. Ja, besäße auch Jemand ein so abstoßendes Wesen eine solche Gefühllosigkeit, daß er den Umgang der Menschen flöhe und haßte, wie wir von einem gewissen Timon[164] zu Athen vernommen haben; so konnte er es doch nicht unterlassen nach einem Menschen zu suchen, vor dem er das Gift seiner Bitterkeit ausgeiferte. Die Wahrheit dieser Behauptung würde man am Besten begreifen, wenn der Fall möglich wäre, daß uns ein Gott aus diesem Menschengewühle entrückte und in irgend eine Einöde

---

161 So namentlich von den Epikureern, die das höchste Gut in die Lust setzten, die Tugend aber als Dienerin der Lust betrachteten.

162 Wie die Cyniker (die Anhänger des Antisthenes, eines Schülers des Sokrates, die die Tugend in die Unabhängigkeit von den äußeren Dingen setzten und in ihrem Streben nach einem natürlichen Leben so weit gingen, daß sie allen äußeren Anstand verletzten und sich dadurch die Verachtung der Vernünftigen zuzogen.

163 qui suum negotium gerunt otiosi, die für sich leben, nur ihre Privatangelegenheiten besorgen, im Gegensatze zu den Staatsmännern. Cicer.: Sunt etiam, qui aut studio rei familiaris tuendae aut odio quodam hominum suum se negotium agere dicant. Xenoph. Comment. II. 9, 1: τὰ ἑαυτοῦ πράττειν.

164 Timon, ein im Alterthum berüchtigter Menschenhasser (osor hominum, μισάνθρωπος), der zur Zeit des Sokrates lebte. Vgl. Cicer. Tusc. IV. 11, 25 und 27.

versetzte und uns hier einen Ueberfluß und Reichthum an allen Naturbedürfnissen darreichte, aber die Gelegenheit einen Menschen zu sehen uns gänzlich entzöge[165] . Wer wäre so eisenhart, daß er ein solches Leben ertragen könnte, und daß ihm nicht die Einsamkeit den Genuß aller Vergnügungen entreißen sollte?

Wahr ist also jener Ausspruch, den, wie ich glaube, der Tarentiner Archytas[166] im Munde zu führen pflegte, und den ich von unseren Greisen hörte, die ihn wieder von anderen Greisen gehört hatten: »Wäre auch Einer in den Himmel gestiegen und betrachtete die Einrichtung des Weltalls und die Schönheit der Gestirne; so würde die Bewunderung dieser Dinge doch reizlos für ihn sein, die hingegen ihm höchst erfreulich gewesen wäre, wenn er nur irgend eine Seele gehabt hätte, der er seine Beobachtungen hätte mittheilen können«.

So liebt die Natur nichts Einsames und lehnt sich immer gleichsam an eine Stütze an, die gerade in dem liebreichsten Gemüthe die süßeste ist.

Aber wiewol ebendieselbe Natur durch so viele Zeichen kund gibt, was sie will, sucht und begehrt; so sind wir doch auf eine unbegreifliche Weise taub dagegen und hören nicht auf ihre Mahnungen. Allerdings ist der gegenseitige Verkehr unter Freunden mannigfach und vielfältig, und es werden viele Veranlassungen zu Mißtrauen und zu Anstoß gegeben; diese jedoch theils zu vermeiden theils zu ist Pflicht des Weisen. Aber *eine* Art des Anstoßes müssen wir uns gefallen lassen[167] , wenn der Nutzen[168] und die Ehrlichkeit in der Freundschaft erhalten werden soll. Man muß nämlich seine

---

[165] Vgl. Cicer. Offic. III. 20, 65[?] sq.

[166] Ueber Archytas s. zu .

[167] Una illa subeunda est offensio, dieß ist die scharfsinnige, mit Recht von Madvig (Opusc. II. p. 285 sq.), Halm und Anderen gebilligte Muthmaßung des Facciolati statt des handschriftlichen sublevanda, das Seyffert zu vertheidigen sich vergeblich abmüht. Er übersetzt die Stelle: Ein Grund des Anstoßes muß völlig hinweggeräumt (kassirt) werden. Aber wie in aller Welt kann sublevare in der Bedeutung »völlig hinwegräumen« aufgefaßt werden? Auch das vorhergehende elevare erklärt er ganz unrichtig durch minuere, efficere, ut minus gravis sit offensio; elevare hat vielmehr die Bedeutung beseitigen, die er dem Verb sublevare beigelegt hat.

[168] S. oben .

Freunde oft warnen und tadeln, und dieß muß freundlich aufgenommen werden, wenn es aus wohlmeinenden. Herzen geschieht.

Aber leider ist nur zu wahr, was mein Freund[169] in seinem Mädchen von Andros sagt:

Willfährigkeit gebiert uns Freunde, Wahrheit Haß.

Lästig ist freilich die Wahrheit, wenn anders aus ihr Haß entsteht, der ein Gift der Freundschaft ist; aber Willfährigkeit ist ungleich lästiger, weil sie durch Nachsicht gegen die Vergehungen den Freund in's Verderben stürzen läßt. Die größte Schuld trägt aber der, welcher die Wahrheit verschmäht und sich durch Willfährigkeit zur Selbsttäuschung verleiten läßt. Bei dieser ganzen Sache muß man daher Rücksicht und Sorgfalt anwenden, erstlich, daß die Erinnerung ohne Bitterkeit, sodann, daß der Tadel ohne Beschimpfung sei; der Willfährigkeit aber[170] – weil ich mich gern eines Terenzischen Ausdruckes bediene – stehe die Begleiterin der Tugenden, Freundlichkeit, zur Seite[171] ; Liebedienerei hingegen, die Gehülfin der Laster, in weiter Ferne gehalten, sie, die nicht nur keines Freundes, sondern überhaupt keines freien Mannes würdig ist. Denn anders lebt man mit einem Gewaltherrscher, anders mit einem Freunde.

Wer aber seine Ohren gegen die Stimme der Wahrheit so verschließt, daß er vom Freunde die Wahrheit nicht hören kann, an dessen Rettung muß man verzweifeln. Treffend ist jener Ausspruch des Cato, sowie Vieles von ihm: »Besser machen sich um Manche bittere Feinde verdient als die Freunde, welche süß erscheinen; denn jene sagen die Wahrheit oft, diese niemals«. Uebrigens ist es ungereimt, wenn die, welche erinnert werden, das Mißbehagen, das

---

[169] Nämlich Terentius. S. zu . Die hier angeführte Stelle ist Andria I. 1, 41.

[170] Das Wort Willfährigkeit (obsequium) ist hier nicht wie kurz zuvor in durchaus schlechtem Sinne aufgefaßt, sondern, wie Seyffert bemerkt, als vocabulum medium in dein Sinne von: Streben sich gefällig zu zeigen.

[171] comes virtutum comitas assit nach G. Lachmeyer's Vermuthung. Die besten Handschriften haben comes veritas * * assit.Klotz, Madvig, Seyffert, Halm lesen bloß comitas assit , was nur die Erfurter Handschrift, und zwar oberhalb der Zeile, hat. Mit Recht wird der Gedanke, der in dieser Lesart in obsequio autem – comitas assit ausgedrückt ist, von Wunder in den Lectt. Cod. Erf. p. CCXII. für ungereimt erklärt und mit Unrecht von Seyffert vertheidigt.

sie empfinden sollten, nicht empfinden, das hingegen empfinden, von dem sie frei sein sollten. Denn daß sie gefehlt haben, darüber fühlen sie sich nicht beunruhigt; daß sie aber getadelt werden, darüber empfinden sie Mißbehagen, während sie sich doch im Gegentheile über ihr Vergehen betrüben und über die Zurechtweisung freuen sollten.

Wie es also der wahren Freundschaft eigen ist zu erinnern und sich erinnern zu lassen, und zwar das Eine mit edler Freimüthigkeit zu thun und nicht mit verletzender Härte, das Andere mit Geduld anzunehmen und nicht mit Widerstreben; ebenso muß man wissen, daß es kein größeres Verderben in der Freundschaft gibt als Kriecherei, Schmeichelei und Liebedienerei. Denn mit möglichst vielen Namen muß man dieses Laster gesinnungsloser und betrügerischer Menschen bezeichnen, die Alles mit Rücksicht auf das Vergnügen[172] , Nichts der Wahrheit gemäß reden.

92. Die Verstellung aber ist in allen Fällen fehlerhaft, – denn sie hebt das Urtheil der Wahrheit auf und verfälscht es, – am Meisten aber widerstreitet sie der Freundschaft; denn sie vernichtet die Wahrheit, ohne die der Name der Freundschaft keine Geltung haben kann. Da nämlich das Wesen der Freundschaft darin besteht, daß aus mehreren Seelen gleichsam nur eine wird[173] ; wie wäre dieß möglich, wenn nicht einmal in einem Einzigen das Gemüth immer ein und dasselbe bliebe, sondern wechselnd, veränderlich und vielfältig wäre? Denn was kann so biegsam sein, so sich von der geraden Straße entfernen als das Gemüth eines Menschen, der sich nicht

---

[172] ad voluptatem. Diese Lesart, die auch Seyffert wiederhergestellt hat, bieten die besten Handschriften; andere Handschriften haben ad voluntatem, was von Halm und den meisten Herausgebern aufgenommen worden ist, doch gewiß mit Unrecht. Denn die Schmeichelei sucht ja gerade das aus, was dem Anderen angenehm ist und ihm Vergnügen macht. Ad voluntatem loqui entspricht, wie Seyffert richtig bemerkt, ganz dem Griechischen πρὸς ἡδονὴν λέγειν (nach dem Munde reden), das Demosthenes sehr häufig von den Athenischen Rednern gebraucht, die dem Volke schmeicheln und ihm nicht die Wahrheit sagen. Allerdings gibt auch die Redensart ad voluntatem loqui (vgl. . .) einen sehr guten Sinn; aber dieß darf uns nicht bestimmen die Lesart der besten Handschriften, die gleichfalls einen sehr richtigen Sinn hat, zu verwerfen.
[173] S. zu .

nur nach des Andern Sinne und Willen, sondern sogar nach seiner Miene und seinem Winke richtet?

> Sagt Jemand Nein, so sag' ich Nein; sagt Jemand Ja, so sag' ich Ja;
> Kurz dieß gebot mir, in Allem beizustimmen,

wie derselbe Terentius[174] sagt, doch in Gnatho's Rolle, dergleichen Freunde zu wählen durchaus Leichtfertigkeit verräth. Leider gibt es viele Ebenbilder des Gnatho, die an Herkunft, Lebensverhältnissen und Ruf höher stehen. Die Schmeichelei solcher Menschen ist um so widerwärtiger, wenn zu ihrer Gehaltlosigkeit auch wol das Uebergewicht ihrer Stellung hinzutritt.

Der schmeichelnde Freund kann aber bei gehöriger Sorgfalt ebenso gut vom wahren gesondert und unterschieden werden als alles Geschminkte und Erheuchelte vom Aechten und Wahren. Eine Volksversammlung, die aus den unerfahrensten Leuten besteht, weiß doch gewöhnlich zu beurtheilen, welcher Unterschied zwischen einem sogenannten Volksfreunde, das heißt, einem nach dem Munde redenden und leichtfertigen Bürger, und zwischen einem nach festen Grundsätzen handelnden Volksfreunde, das heißt, einem wahrhaftigen und Bürger[175] stattfinde. Welch schmeichelnde Worte entströmten neulich dem Munde des Gajus Papirius[176] , durch die er den Weg zu den Ohren der Volksversammlung fand, als er den Gesetzvorschlag wegen Wiedererwählung der Volkstribunen machte. Ich sprach dagegen. Doch kein Wort von mir, von

---

[174] Terent. Eun. II. 2, 21. Ueber Terentius s. zu .

[175] Nach der Muthmaßung G. Lachmeyer's:et inter constantem, id est verum et gravem. Diese Lesart liegt in der von Seyffert aufgenommenen Lesart dreier Handschriften: et inter constantem severum et g.; aus IE konnte leicht SE entstehen; Madvig und Halm lesen mit drei anderen Handschriften: constantem et severum;Klotz:constantem id est severum. Ueber den Gedanken selbst vgl. Cicer. Catil. IV. 5, 9: intellectum est, quid interesset inter levitatem concionatorum et animum vere popularem, saluti populi consulentem. Außerdem . pro Sext. 45, 96. ff.

[176] Gajus Papirius Carbo (s. zu) machte als Volkstribun im J. 131 v. Chr. den Gesetzvorschlag, daß es erlaubt sein sollte, den nämlichen Volkstribun, so oft er wollte, wiederzuwählen. Lälius und Publius Scipio Africanus widerriethen denselben, und zwar Letzterer in einer höchst gediegenen Rede, durch die er bewirkte, daß der Vorschlag verworfen wurde. S. Liviusepit. 59.

Scipio will ich lieber reden. Welche Würde, unsterbliche Götter! welche Hoheit lag in seiner Rede! Unbedenklich konnte man ihn den Führer des Römischen Volkes, nicht dessen Mitgänger nennen. Doch ihr wart ja zugegen, und seine Rede ist in eueren Händen. Und so ward der volksgünstige Gesetzvorschlag durch die Stimme des Volkes verworfen. Und, um wieder auf mich zurückzukommen, ihr erinnert euch, wie volksgünstig erschien unter den Consuln Quintus Maximus[177] , dem Bruder Scipio's, und Lucius Mancinus der Gesetzvorschlag des Gajus Licinius Crassus[178] wegen Priesterwürden! Denn durch denselben sollte das den Priestervereinen zustehende Recht der Selbstergänzung dem Volke übertragen und zu einer Vergünstigung desselben gemacht werden. Auch war er der Erste, der es einführte in den Verhandlungen mit dem Volke gegen das Forum gewandt zu sprechen[179] . Doch trug über seine gefällige Rede die Ehrfurcht vor den unsterblichen Göttern durch meine Vertheidigung leicht den Sieg davon. Dieß geschah während meiner Prätur, fünf Jahre vor meinem Consulate. So ward diese

---

[177] Quintus Fabius Maximus Aemilianus (s. zu). und Lucius Hostilius Mancinus, der sonst nicht weiter bekannt ist, waren im J. 145 v. Chr. Consuln.

[178] Gajus Licinius Crassus machte als Volkstribun im J. 145 v. Chr. den Gesetzvorschlag den Priesterkollegien das Recht der Selbstergänzung (cooptatio) zu entziehen und die Priester wie die übrigen obrigkeitlichen Personen in den Wahlversammlungen durch Abstimmung des Volkes zu wählen. Gegen diesen Vorschlag trat der Augur Gajus Lälius als Prätor auf und hielt eine vorzüglich schöne Rede (Cicer. N. D. III. 17, 43. nennt sie aureolam oratiunculam; vgl. über dieselbe auch Cicer. Brut. 21, 83.), und der Vorschlag wurde verworfen. Später aber 104 v. Chr. wurden die Priester nach dem Vorschlage des Gnäus Domitius Aenobarbus in den Wahlversammlungen von siebzehn Tribus ernannt. Endlich im J. 58 v. Chr. wurde der Einfluß der Priester auf die Wahlversammlungen durch den Gesetzvorschlag des Clodius: ne quis per eos dies, quibus cum populo agi liceret, de coelo servaret gänzlich vernichtet.

[179] In früheren Zeiten richteten die Redner ihr Gesicht während der Rede nach der Hostilischen Curie und dem Comitium, wo der Senat und die Patricier verweilten. Unter Forum ist hier nicht das ganze Forum zu verstehen, auf dem sich ja auch die Hostilische Curie und das Comitium befanden, sondern nur ein Theil des Forums, d. h. der Theil, wo die Plebejer standen.

Sache mehr durch sich selbst als durch den Einfluß des höchsten amtlichen Ansehens[180] vertheidigt.

Wenn nun auf dem öffentlichen Schauplatze in der Volksversammlung, wo Dichtung und Schein einen so weiten Spielraum haben, dennoch die Wahrheit sich zu behaupten weiß, wenn sie nur offen dargelegt und in ihr rechtes Licht gestellt wird: was muß erst in der Freundschaft geschehen, deren Werth ganz nach der Wahrheit abgewogen wird. Denn wenn man in derselben nicht, wie man sagt, die offene Brust sieht und die seinige offen zeigt; so hat man nichts Getreues, nichts Zuverlässiges, nicht einmal das Gefühl der Liede und Gegenliebe, da man nicht weiß, inwieweit dasselbe aufrichtig ist. Indeß kann diese Schmeichelei, so verderblich sie auch ist, doch Niemandem schaden, als dem, der ihr Zutritt zu sich verstattet und an ihr Wohlgefallen findet. So geschieht es, daß der den Schmeichlern seine Ohren am Meisten öffnet, der sich selbst schmeichelt und an sich selbst den größten Wohlgefallen findet[181] .
98. Allerdings liebt die Tugend sich selbst; denn sie kennt sich selbst am Besten und weiß, wie liebenswürdig sie ist. Ich rede aber jetzt nicht von der wirklichen Tugend, sondern von der Scheintugend. Denn wirklich tugendhaft wollen nicht so Viele *sein* als *scheinen*. Diese erfreut die Schmeichelei. Wenn man sich ihnen mit einem nach ihrem Wunsche ausgesonnenen Gespräche naht, so glauben sie, jene eitle Rede sei ein Zeugniß ihrer vortrefflichen Eigenschaften. Das ist also keine Freundschaft, wenn der Eine die Wahrheit nicht hören will, der Andere zum Lügen bereit ist. Auch die Schmeichelei der Schmarotzer in Lustspielen würde uns nicht witzig erscheinen, wenn es keine großprahlerischen Soldaten gäbe[182] .

---

[180] Nämlich der Consulwürde, die er damals nicht besaß. Statt summa auctoritate, das die Handschriften haben, liest G. Lachmeyer nach Muthmaßung mea autoritate; doch ohne Grund.

[181] Aristotel. Rhet. 1,11: ἐπεὶ φίλαυτοι πάντες, καὶ τὰ αὐτῶν ἀνάγκη ἡδέα εἶναι πᾶσιν, οἷον ἔργα, λόγοι· διὸ φιλοκόλακες ὡς ἐπὶ τὸ πολὺ καὶ φιλέραστοι καὶ φιλότιμοι καὶ φιλοτεκνοι.

[182] Richtig erklärt Seyffert: selbst auf der Bühne wird uns die Rolle der Schmarotzer nur dadurch erst schmackhaft, – die wir sonst gar nicht goutiren würden, – daß es ruhmredige Militärs gibt, die (wie man von selbst hinzusetzt) jenen zur Folie dienen und von ihnen zum Besten gehalten werden, wie sie es verdienen.

Die Thais sagt mir also wirklich großen Dank?[183]

Es wäre genug gewesen zu antworten: »großen«. »Ungeheuren«, erwiderte er. Immer vergrößert der Schmeichler das, was der, nach dessen Wunsche geredet wird, groß wissen will.

Wiewol also diese schmeichelnde Liebedienerei nur bei denen Geltung hat, die selbst dazu anlocken und auffordern; so bedürfen doch auch ernstere und gesetztere Männer der Erinnerung darauf zu achten, daß sie sich nicht durch schlaue Schmeichelei berücken lassen. Denn den unverhohlenen Schmeichler erkennt Jedermann, wenn er nicht ganz dumm ist. Daß sich aber der schlaue und versteckte Schmeichler nicht bei uns einschleiche, davor müssen wir uns sorgfältig hüten. Denn man erkennt ihn nicht so leicht, da er ja oft auch durch Widerspruch schmeichelt und scheinbar hadernd schön thut und zuletzt die Hände reicht[184] und sich für besiegt erklärt, damit der mehr Einsicht zu besitzen meine. Was ist aber schimpflicher als sich täuschen zu lassen? Daß dieß aber nicht geschehe, davor muß man sich um so mehr in Acht nehmen[185] :

Vor allen Narren der Komödie

---

[183] Terent. Eun. III. 1, 1. Der Soldat Thraso hatte durch den Schmarotzer Gnatho seiner Geliebten, der Buhlerin Thais, ein Geschenk zugesandt und fragt ihn nun, wie sie dasselbe aufgenommen habe.

[184] Die Redensart: die Hände reichen ist von den Gladiatoren hergenommen, die, wenn sie sich für besiegt von ihren Gegnern erklären wollten, ihnen die Hände hinreichten. Vgl. Cicer. ad Attic. II. 22, 2: Haec et in eam sententiam quum multa dixisset, ajebat illum primo sane diu multa contra, ad extremum autem manus dedisse et affirmasse nihil se contra ejus voluntatem facturum.

[185] Nach den Worten cavendum est lesen einige Handschriften von geringerem Werthe: ut in Epiclero hodie u. s. w., was auch Seyffert aufgenommen hat. Die besten Handschriften haben: cavendum est ut hodie u. s. w. mit Weglassung der Worte in Epiclero und so liest auch Halm. Offenbar sind diese Worte weiter Nichts als ein Glossem. Die folgenden Verse sind nämlich aus dem Lustspiele des Cäcilius Statius (s. über ihn zu), das die Aufschrift führte: Epiclerus, d. h. Erbtochter. In dem zweiten Verse lesen fast alle Handschriften ut iusseris, die Handschrift G bloß iusseris; Halm nach Muthmaßung elusseris mit zwei s (nach Quintil. I. 7, 20; Bentleyad Horat. Art. Poet. 96 schlägt scharfsinnig emunxeris vor, das auch von mehreren Herausgebern aufgenommen worden ist; G. Lachmeyer liest illuseris nach dem Palatinus der inluseris hat; andere Handschriften haben luseris oder ut illuseris.

Willst du mich foppen heut und hudeln wunderschön.

Denn auch auf der Bühne spielen die unvorsichtigen und leicht-gläubigen Greise die albernste Rolle.

Doch mein Vortrag ist, ich weiß nicht wie, von der Freundschaft vollkommener, das heißt weiser Männer – ich rede hier von *der* Weisheit, welche, wie es scheint, der Mensch zu erreichen im Stande ist[186] , – zu den gehaltlosen Freundschaften gerathen. Darum wollen wir zu dem Früheren zurückkehren und ebendamit endlich einmal zum Schlusse kommen.

Die Tugend, sag' ich, mein Gajus Fannius und mein Quintus Mucius, schließt die Freundschaften und erhält sie. Denn auf ihr beruht die Uebereinstimmung in allen Dingen[187] , auf ihr die Beharrlichkeit, auf ihr die Charakterfestigkeit. Wenn sie nun Vorschein kommt und ihr Licht zeigt und an einem Anderen ein gleiches Licht erblickt und erkennt, so nähert sie sich diesem und nimmt dagegen das Licht, das in dem Anderen ist, in sich auf. Und hieraus entzündet sich die Flamme der Liebe oder Freundesliebe; denn Beides ist vom Lieben benannt[188] . Lieben aber ist nichts Anderes als den Gegenstand der Liebe aus Achtung werthschätzen[189] , ohne Rücksicht auf eigenes Bedürfniß, ohne Absicht aus eigenen Vortheil, der jedoch von selbst aus der Freundschaft erblüht, auch wenn man nicht darnach trachtet.

---

[186] S. oben .

[187] Vgl. oben . und Aristotel. Nicom. 9, 6.

[188] Im Texte steht: ex quo ardescit sive amor sive amicitia; utrumque enim dictum est ab amando. Wegen der Uebersetzung von amicitia s. zu .

[189] Cicero's Worte lauten: amare autem nihil est aliud nisi eum ipsum diligere, quam ames. Amare entspricht eigentlich dem Griechischen ἐρᾶν und bezeichnet die natürliche Neigung, die wir gleichsam unbewußt ohne alle Reflexion gegen Einen haben; daher kann amare aliquem auch bedeuten Einen herzlich, von ganzem Herzen, leidenschaftlich lieben;diligere hingegen setzt eine gewisse Reflexion, eine Prüfung voraus und bedeutet daher Einen aus Achtung werthschätzen. Vgl. Cicer. Fam. IX. 14, 5: Quis erat, qui putaret ad eum amorem, quem erga te habebam, posse aliquid accedere? Tantum accessit, ut mihi nunc denique amare videar, antea dilexisse. Aber weder amare noch diligere entsprechen dem Griechischen φιλεῖν, das beide Begriffe in sich schließt. Ausführlich erörtert den Begriff beider Verben Seyffert zu 8, 26. S. 173.

Ein solches Wohlwollen war es, mit welchem ich in meiner Jugend jene Greise, den Lucius Paullus[190], Marcus Cato[191], Gajus Gallus[192], Publius Nasica[193], Tiberius Gracchus[194], den unseres Scipio, liebte. Noch schöner leuchtet es zwischen Altersgenossen hervor, wie zwischen mir und Scipio, Lucius Furius[195], Publius Rupilius[196], Spurius Mummius[197]. Dagegen finden wir Greise eine erquickende Befriedigung in der Liebe junger Männer, wie in der eurigen, in der des Quintus Tubero[198]. Ja auch der vertraute Um-

---

[190] Ueber Lucius Aemilius Paullus Macedonicus s. zu .

[191] Ueber Marcus Porcius Cato s. die

[192] Ueber Gajus Sulpicius Gallus s. zu .

[193] Ueber Publius Cornelius Scipio Nasica Corculum s. zu .

[194] Tiberius Sempronius Gracchus, Vater der beiden berühmten Volkstribunen, Tiberius und Gajus Sempronius Gracchus, und der Sempronia, der nachherigen Gemahlin des jüngeren Scipio Africanus, Gemahl der Cornelia, der Tochter des älteren Africanus, einer hochgebildeten und in jeder Hinsicht ausgezeichneten Frau, ein verständiger und achtungswerther Mann (Cicer.), besiegte als Proprätor (177 v. Chr.) die Celtiberier in Spanien, als Consul (176) die Sardinier; 169 war er Censor, 162 zum zweiten Male Consul. Er fiel in einem Treffen mit den Lucanern.

[195] Ueber Lucius Furius Philus s. zu .

[196] Ueber Publius Rupilius s. zu .

[197] Ueber Spurius Mummius s. zu .

[198] Ueber Quintus Aelius Tubero s. zu

gang mit dem noch sehr jungen Publius Rutilius[199] und Aulus Verginius[200] macht mir Freude.

Weil nun überhaupt unser Leben und unsere Natur so eingerichtet ist, daß *ein* Menschenalter aus dem anderen erwächst; so wäre es freilich sehr wünschenswerth, wenn man mit denselben Altersgenossen, mit denen man gleichsam aus den Schranken[201] entlassen wurde, auch, wie man sagt, zum Ziel der Rennbahn gelangen könnte. Allein weil alles Irdische gebrechlich und hinfällig ist, so muß man sich immer nach Menschen umsehen, die man lieben und von denen man geliebt werden kann. Denn nimmt man die Liebe und Wohlwollen hinweg, so nimmt man allen Reiz aus dem Leben. Für mich lebt Scipio, obwol er mir plötzlich entrissen ward, dennoch und wird immer leben; denn ich liebte die Tugend dieses Mannes, und diese ist nicht erloschen. Doch nicht mir allein, der ich sie immer vor mir sah, schwebt sie vor Augen; auch für die Nachkommen wird sie in ausgezeichnetem Glanze strahlen. Nie wird Jemand den Entschluß zur Ausführung großer Thaten noch die Hoffnung darauf in seinem Geiste fassen, der sich nicht sein Andenken und Vorbild vergegenwärtigen zu müssen glauben sollte.

Ich wenigstens habe unter allen Gütern, die mir das Glück oder die Natur zutheilte, Nichts, was ich mit der Freundschaft des Scipio

---

[199] Publius Rutilius Rufus, ein Schüler des Stoikers Panätius und selbst dem Stoicismus ergeben, war zugleich auch Redner und Rechtsgelehrter (Cicer.). Cicero () nennt ihn ein Muster von Unbescholtenheit, dem Niemand im Staate an Rechtschaffenheit und Sittenreinheit gleichkomme. Im J. 133 v. Chr. diente er unter dem jüngeren Scipio Africanus vor Numantia. S. Cicer. de Repl. I. 11, 17. Im J. 105 v.Chr. war er Consul. Seine Gerechtigkeitsliebe war den Rittern, die große Pachtungen in Asien hatten, sehr beschwerlich gewesen, als er als Quästor des Oberpriesters Quintus Mucius Scävola, der Proconsul in Asien war, sich den großen Bedrückungen der Ritter widersetzte (99); deßhalb suchten sie sich an ihm zu rächen, indem sie ihn des Unterschleifes anklagten (93). Von den Rittern, die damals die Gerichtsbarkeit hatten, wurde er auf ungerechte Weise verurtheilt. Indem er sich selbst Verbannung auferlegte, ging er nach Smyrna. Obgleich später von Sulla zurückgerufen, beharrte er doch in seiner freiwilligen Verbannung. Vgl. Orelli Onomast. Part. II. p. 517 sq.

[200] Aulus Verginius hatte nach Pomponius in den Pandekten lib I. tit. 2.) de Orig. Jur. §. 40. dieselben Lehrer im Bürgerrechte, wie Rutilius, namentlich den Publius Mucius. S. Orelli Onomast. Part. II. p. 640.

[201] S. zu Cat. Maj. 23, 83.

vergleichen könnte. In ihr fand ich Uebereinstimmung in Staatsgeschäften, in ihr Rath für häusliche Angelegenheiten, in ihr auch
genußreiche Erholung. Nie habe ich ihn, auch nicht im Geringsten,
beleidigt, so viel ich wenigstens weiß; Nichts habe ich von ihm gehört, das ich nicht gewünscht hätte. Ein Haus, derselbe Tisch auf
gemeinsame Kosten, und nicht allein der Kriegsdienst, sondern
auch die Reisen und der Aufenthalt auf dem Lande[202] , – Alles war
uns gemeinschaftlich. Und was soll ich ferner von unseren wissenschaftlichen und gelehrten Bestrebungen sagen, in denen wir, fern
von den Augen des Volkes, jede von Amtsgeschäften freie Zeit zu-
brachten?

Wäre nun die Erinnerung und Vergegenwärtigung dieser Dinge
zugleich mit ihm untergegangen, so würde ich die Sehnsucht nach
einem so eng verbundenen und liebevollen Manne auf keine Weise
ertragen können. Aber nicht erloschen sind sie, sondern werden
vielmehr genährt und erhöht durch den Gedanken und die Erinnerung an ihn, und wäre ich auch dieser ganz beraubt, so würde mir
doch schon mein großen Trost gewähren; denn sehr lange kann ich
in diesem Zustande des Sehnens nicht bleiben. Alles aber, was von
kurzer Dauer ist, muß erträglich sein, wenn es auch bedeutend ist.

Dieses sind die Gedanken, die ich über die Freundschaft vorzu-
tragen hatte. Euch aber ermahne ich der Tugend, ohne welche die
Freundschaft nicht bestehen kann, eine solche Stellung anzuweisen,
daß ihr mit Ausnahme dieser Nichts für vorzüglicher haltet als die
Freundschaft.

---

[202] Vgl. Cicer. de Orat. II. 6, 22, wo der Redner Crassus sagt: Saepe ex socero meo
[sc. Quinto Scaevola, cujus socer Laelius erat] audivi, quum is diceret socerum
suum Laelium semper fere cum Scipione solitum rusticari eosque incredibiliter
repuerascere esse solitos, quum rus ex urbe tanquam e vinclis evolavissent. Non
audeo dicere de talibus viris, sed tamen ita solet narrare Scaevola conchas eos et
umbilicos ad Cajetam et ad Laurentum legere consuesse et ad omnem animi
remissionem ludumque descendere.

Über tredition

Eigenes Buch veröffentlichen

tredition wurde 2006 in Hamburg gegründet und hat seither mehrere tausend Buchtitel veröffentlicht. Autoren veröffentlichen in wenigen leichten Schritten gedruckte Bücher, e-Books und audio-Books. tredition hat das Ziel, die beste und fairste Veröffentlichungsmöglichkeit für Autoren zu bieten.

tredition wurde mit der Erkenntnis gegründet, dass nur etwa jedes 200. bei Verlagen eingereichte Manuskript veröffentlicht wird. Dabei hat jedes Buch seinen Markt, also seine Leser. tredition sorgt dafür, dass für jedes Buch die Leserschaft auch erreicht wird.

Im einzigartigen Literatur-Netzwerk von tredition bieten zahlreiche Literatur-Partner (das sind Lektoren, Übersetzer, Hörbuchsprecher und Illustratoren) ihre Dienstleistung an, um Manuskripte zu verbessern oder die Vielfalt zu erhöhen. Autoren vereinbaren direkt mit den Literatur-Partnern die Konditionen ihrer Zusammenarbeit und partizipieren gemeinsam am Erfolg des Buches.

Das gesamte Verlagsprogramm von tredition ist bei allen stationären Buchhandlungen und Online-Buchhändlern wie z. B. Amazon erhältlich. e-Books stehen bei den führenden Online-Portalen (z. B. iBookstore von Apple oder Kindle von Amazon) zum Verkauf.

Einfach leicht ein Buch veröffentlichen: **www.tredition.de**

Eigene Buchreihe oder eigenen Verlag gründen

Seit 2009 bietet tredition sein Verlagskonzept auch als sogenanntes "White-Label" an. Das bedeutet, dass andere Unternehmen, Institutionen und Personen risikofrei und unkompliziert selbst zum Herausgeber von Büchern und Buchreihen unter eigener Marke werden können. tredition übernimmt dabei das komplette Herstellungs- und Distributionsrisiko.

Zahlreiche Zeitschriften-, Zeitungs- und Buchverlage, Universitäten, Forschungseinrichtungen u.v.m. nutzen diese Dienstleistung von tredition, um unter eigener Marke ohne Risiko Bücher zu verlegen.

Alle Informationen im Internet: **www.tredition.de/fuer-verlage**

tredition wurde mit mehreren Innovationspreisen ausgezeichnet, u. a. mit dem Webfuture Award und dem Innovationspreis der Buch Digitale.

tredition ist Mitglied im Börsenverein des Deutschen Buchhandels.

Dieses Werk elektronisch lesen

Dieses Werk ist Teil der Gutenberg-DE Edition DVD. Diese enthält das komplette Archiv des Projekt Gutenberg-DE. Die DVD ist im Internet erhältlich auf **http://gutenbergshop.abc.de**

FSC
www.fsc.org

MIX

Papier | Fördert
gute Waldnutzung

FSC® C083411

Zeitfracht Medien GmbH
Ferdinand-Jühlke-Straße 7
99095 Erfurt, Deutschland
produktsicherheit@kolibri360.de